安徽省高校人文社会科学研究项目：精准脱贫视域下安徽大别山区脱贫人口返贫风险识别与防控机制研究（SK2019A0105）
安徽工程大学创新团队项目（2019CXTD002）

经济管理学术文库 • 经济类

连片特困区产业精准扶贫模式研究
——以新疆三地州为例

Research on Industrial Precision Poverty Alleviation Model of Contiguous Destitute Area —Taking the Three States of Southern Xinjiang as an Example

潘明明／著

经济管理出版社
ECONOMY & MANAGEMENT PUBLISHING HOUSE

图书在版编目（CIP）数据

连片特困区产业精准扶贫模式研究：以新疆三地州为例/潘明明著．—北京：经济管理出版社，2019.8
ISBN 978－7－5096－6717－0

Ⅰ.①连…　Ⅱ.①潘…　Ⅲ.①扶贫—研究—新疆　Ⅳ.①F127.45

中国版本图书馆 CIP 数据核字(2019)第 137178 号

组稿编辑：曹　靖
责任编辑：曹　靖　杜羽茜
责任印制：黄章平
责任校对：王纪慧

出版发行：经济管理出版社
（北京市海淀区北蜂窝 8 号中雅大厦 A 座 11 层　100038）
网　　址：www. E－mp. com. cn
电　　话：（010）51915602
印　　刷：北京虎彩文化传播有限公司
经　　销：新华书店
开　　本：720mm×1000mm/16
印　　张：11.75
字　　数：221 千字
版　　次：2019 年 10 月第 1 版　　2019 年 10 月第 1 次印刷
书　　号：ISBN 978－7－5096－6717－0
定　　价：68.00 元

前　言

贫困是人类社会发展的难点问题，不仅严重阻碍经济、社会发展，同时也是诱发地区冲突、社会不稳定以及环境恶化的重要根源之一。伴随着新疆贫困区域大幅度缩减和贫困人口大幅度下降，新疆扶贫开发重点落脚在贫困规模最大、贫困人口最集中、减贫成本最高以及脱贫致富最难的国家 14 个连片特困区之一的南疆三地州。产业扶贫因是一种内生性可持续“造血型”扶贫，既可以直接带动贫困农户增收，又可以为其他扶贫开发模式运行提供可靠载体和保障，其始终受到新疆三地州贫困地区扶贫开发部门的追捧和采用，但扶贫效果不容乐观。究其原因，主要在于产业扶贫模式不精准。“精准扶贫”理念则为彻底解决上述问题提供了明确的突破口。

本书以新疆三地州贫困地区为研究对象，以产业扶贫为切入点，在全面、系统地梳理新疆三地州现有产业扶贫模式类型、结构、运行现状的基础上，深入剖析新疆三地州现有产业扶贫模式存在的问题及产生问题的关键成因，依托精准扶贫理念构建新疆连片特困区产业精准扶贫模式，并提出切实可行的实施路径及保障体系。基于论文研究思路设置，本书包括以下几个方面的内容：第一部分为理论研究，包括绪论、核心概念界定与理论基础，为本书第 1 章、第 2 章；第二部分为新疆连片特困区产业扶贫状况研究，为本书的第 3 章；第三部分为新疆连片特困区现有产业扶贫模式相关问题研究，包括现有产业扶贫模式类型、结构、存在问题以及存在问题成因等，为本书的第 4、第 5 章；第四部分为新疆连片特困区产业精准扶贫模式构建经验借鉴，为本书的第 6 章；第五部分为新疆连片特困区产业精准扶贫模式构建过程及形成的产业精准扶贫模式类型，为本书的第 7、第 8 章；第六部分为新疆连片特困区产业精准扶贫模式运行主体能力建设及保障体系，为本书的第 9 章；第七部分为研究结论与展望，为本书的第 10 章。

基于第 1 ~ 第 9 章的研究，得到以下结论：

第一，新疆三地州产业扶贫开发工作贯穿于新疆三地州体制改革、大规模农村开发、解决和巩固温饱、全面脱贫攻坚等多个扶贫开发阶段，在组织体系建设、政策制定与实施、资金投入、农牧民职业技能培训及基础设施建设等方面做了大量工作。但扶贫效果与全国相比存在明显差距，且不可持续。产业扶贫模式不精准是一个重要原因。

第二，新疆三地州贫困地区围绕特色种养业、民族手工业推出“农户自营”“农民专业合作社经营”“公司带动的订单生产”三类相对成熟的产业扶贫开发模式。其中，“农户自营”模式的农户认可度最低；“农民专业合作社经营”模式虽略好于“农户自营”模式，依然处于较低水平；“公司带动订单生产”模式农户认可度最高，但与预期依然存在一定的距离，也存在明显的缺陷和不足。

第三，贫困对象识别不精准、产业扶贫模式设计程序不科学以及产业扶贫模式运行缺乏有效的监管、考核及纠偏机制是造成新疆连片特困区现有产业扶贫模式存在问题的关键原因。

第四，构建产业精准扶贫模式应在对贫困对象、贫困特征、致贫原因、贫困家庭生计资本以及自我发展诉求精准识别的基础上，依据贫困对象、贫困特征、致贫原因、贫困家庭生计资本以及自我发展诉求等基础条件通过多维参与的方式展开构建。

第五，贫困农牧民精准识别结果表明，新疆三地州贫困农牧民在发展生产中普遍存在市场、资金、技术及劳动力某一方面或几方面短缺的问题。同时，鉴于有无劳动能力贫困农户对接产业、发展诉求及产业扶贫落脚点差异，新疆三地州贫困农牧民依据劳动力有无状况进行分类，分别展开构建。其中，有劳动能力贫困农户产业精准扶贫模式应着重解决贫困农户发展生产市场、资金或技术某一方面或几方面短缺问题，无劳动能力贫困农户产业精准扶贫模式应着重解决贫困农户因劳动力短缺无法自主发展生产的问题。

第六，依据贫困农户、扶贫一线工作人员、扶贫专家访谈结果，构建新疆连片特困区产业精准扶贫模式。有劳动能力贫困农户为有效破解贫困农户发展生产市场、资金或技术方面的短缺及分享产品生产、加工、流通、销售等相关环节利润，最大化利用扶贫资源的“公司带动的股份合作经营”产业精准扶贫模式；无劳动能力贫困农户为通过土地、资金嵌入产业链条，分享产业发展红利的“委托经营”产业精准扶贫开发模式。

目　录

第1章　绪论

1.1　研究背景及意义

1.1.1　研究背景

贫困是人类社会发展的难点问题，它不仅严重阻碍经济、社会发展，同时也是诱发地区冲突、社会不稳定以及环境恶化的重要根源之一。国内外相关研究已表明，一个国家（地区）贫困的发生率与这个国家（地区）的政治稳定性存在显著的负相关关系。因此，消除贫困不仅是人类社会为之奋斗的理想，更是当今世界各国面临的共同目标和任务。联合国"千禧年计划"也制定了详细的消除贫困的目标和任务：到2030年，在全球范围内消除极端贫困人口，确保贫困人口享有平等获得经济资源、公共服务、金融服务等方面的权利。

改革开放以来，我国经济社会虽然取得长足发展，但尚处于社会主义初级阶段，依然是世界上最大的发展中国家和贫困人口最多的国家，且我国的贫困问题日益显著地影响着我国经济社会稳定、可持续发展和小康社会全面建设。因此，我国各级政府均高度重视所在辖区的贫困问题，先后制定并实施了一系列与贫困地区基本情况相符合的扶贫开发政策与方针，形成了"三步走"的扶贫开发战略。1994年，国务院制定并发布了《国家八七扶贫攻坚计划》，指出贫困地区应坚决贯彻落实"开发式"扶贫方针，大力发展种植业、养殖业和农副产品加工业，科学调整扶贫资金投入方向和结构，引导社会力量参与到贫困地区扶贫开发事业当中，力争在2000年之前全面解决农村贫困人口的温饱问题；2001年国务院印发《中国农村扶贫开发纲要（2001—2010 年）》，强调国家在全面解决贫困人口温饱问题的同时，应进一步改善贫困地区基本生产、生活条件，提升贫困人口生活质量和综合素质，加强贫困地区基础设施建设，改善生态环境，逐步改变贫困地区经济、社会、文化落后的局面，为全面建设小康社会创造有利条件；2011 年国务院印发《中国农村扶贫开发纲要（2011—2020 年）》，提出扶贫攻坚的主战场应转向连片特困区，国家应通过集中实施教育、卫生、文化、就业、社会保障等民生工程，大力改善生产、生活条件，培育壮大一批特色优势产业，加快区域性基础设施建设步伐，加强生态建设和环境保护，着力解决制约贫困地区发展的关键瓶颈，促进基本公共服务均等化，从根本上改变贫困地区贫困面貌。以上扶贫开发方针、政策的制定和实施为我国贫困地区扶贫开发工作顺利、有序开展提供了重要的政策指引。

新疆地处我国西北边陲，生态环境恶劣，少数民族人口聚集，发展基础薄弱且不均衡，是我国典型的“少、边、贫”地区。因此，扎实应对和稳步解决新疆的贫困问题，不仅关系到新疆“稳疆兴疆，富民固边”战略的顺利实施，也是新疆经济社会发展和长治久安任务全面完成的重要前提和保障。自改革开放以来，新疆各级政府和各族人民始终将消除贫困视为本地区经济、社会发展的重要任务。根据国家“三步走”扶贫开发战略，制定了“一个瞄准、三项重点”的扶贫开发工作方针，形成了“一体两翼”的扶贫开发模式，并在扶贫开发实践中取得了显著成效。相关数据表明，2015 年新疆经济发展速度达到 8.8%，高于全国平均水平近两个百分点；农牧民人均可支配收入达到 9425.08 元，较 2010 年增长了 1 倍多；先后实现 174 万人顺利脱贫致富，贫困发生率由 32% 下降到 15%；贫困地区基本公共服务相关指标较之前也取得较大幅度改善。伴随着新疆贫困区域大幅缩减和贫困人口的大幅下降，新疆的扶贫开发工作进入最后“啃硬骨头”“攻坚拔寨”的冲刺阶段。新疆扶贫开发的着眼点由过去新疆全部区域的整体性扶贫逐步转变为新疆连片特困区、边境特困区、贫困山区“一片两区”的重点扶贫。在“一片两区”中，南疆三地州作为贫困规模最大、贫困人口最集中、减贫成本最高以及脱贫致富最难的国家 14 个连片特困区之一，成为新疆“十三五”期间扶贫攻坚的重中之重。

纵观三地州的扶贫开发历程，三地州扶贫开发工作先后经历了“救济式”扶贫、“开发式”扶贫、“参与式”扶贫和“多元化”扶贫等多个阶段，扶贫开发也由过去单一、传统的“输血式”扶贫发展为整村推进、教育扶贫、劳动力转移培训和产业扶贫等多种类型扶贫开发并存的局面。产业扶贫作为一种内生性的可持续“造血型”扶贫，不仅可以最大限度地激发贫困群体参与动力和热情，直接带动贫困群体增收，而且也可以为其他扶贫开发模式的顺利开展提供坚实可靠的载体和保障。因此，产业扶贫自被提出以来就受到新疆三地州贫困地区政府的高度重视并被普遍采用。但就产业扶贫效果来看，目前新疆三地州产业扶贫工作虽然在一定程度上改善了贫困群体生产生活质量，提高贫困地区经济发展水平，但始终与人们的预期存在一定的距离。新疆三地州贫困地区的产业扶贫开发工作普遍存在贫困群体参与度低、经济溢出效益差、扶贫带动能力不足且不可持续等诸多问题。究其原因，一个重要方面是由于产业扶贫模式在设计和推行过程中贫困对象识别不精准，扶贫模式设计不科学，运行过程缺乏监管、考核以及动态调整机制等原因造成的。2013 年提出的“精准扶贫”理念则为彻底解决上述问题提供了明确的突破口和清晰的思路。精准扶贫的核心是针对不同贫困地区环境、不同贫困户状况，运用科学有效的程序制定并实施与贫困地区、贫困农户基础条件相匹配的扶贫开发模式，以提升扶贫开发模式的精准性，做到“真扶贫、扶真贫”。将精准扶贫理念引入产业扶贫模式构建上，则主要是根据贫困群体贫困程度、致贫原因、家庭生计资本、发展诉求等基础条件，因户制宜地设计出符合贫困群体自身基础条件的产业扶贫模式。

基于以上分析，本书以新疆南疆三地州贫困群体为研究对象，以产业扶贫为切入点，将精准扶贫理念引入三地州产业扶贫模式的优化和构建当中，在对三地州贫困群体贫困程度与特点、致贫原因、家庭生计资本以及发展诉求等基础条件全面了解和准确把握的基础上，构建与贫困群体基础条件相匹配的产业精准扶贫模式，并提出切实可行的实施路径和保障体系。本书对最大限度发挥三地州产业扶贫模式扶贫带动能力，尽快、尽早消除三地州贫困人口的贫困问题，推进三地州小康社会全面建设，实现新疆经济、社会可持续发展和长治久安以及各民族共同繁荣进步均具有重要意义。

1.1.2 研究意义

（1）理论意义。

第一，丰富和发展了扶贫开发理论体系。新疆是边疆地区，生态环境脆弱，经济发展落后且区域发展不平衡，具有典型的“少、边、贫”特点，该地区贫困群体的扶贫开发工作无法简单地套用国内外现成扶贫理论。本书在产业扶贫和精准扶贫相关理论的基础上，结合新疆连片特困区独特区位和特殊区情，从新疆连片特困区贫困群体贫困程度与特征、致贫原因、家庭生计资本、贫困群体发展诉求等基础条件出发，构建新疆连片特困区产业精准扶贫模式，丰富和发展了产业扶贫和扶贫开发相关理论体系。

第二，为西部边疆多民族贫困地区产业精准扶贫提供范式。传统关于贫困地区贫困和反贫困研究多以贫困地区整体性贫困为瞄准标准，这就造成贫困地区和贫困群体贫困识别不精准，扶贫模式与贫困群体基础条件不匹配的问题。本书将“精准识别、精准帮扶、精准管理、精准考核”理念与新疆连片特困区产业扶贫相结合，以贫困群体为瞄准对象，在精准把握新疆连片特困区贫困群体贫困程度与特点、致贫原因、家庭生计资本、发展诉求等的基础上，构建与新疆连片特困区贫困群体基础条件相匹配的产业精准扶贫模式，为西部边疆多民族贫困地区产业精准扶贫提供范式。

（2）实践意义。

第一，进一步增强新疆连片特困区贫困群体自我发展能力。产业扶贫作为一种内生性的可持续“造血型”扶贫，可有效带动贫困地区经济社会发展、改善贫困地区生态环境、提高贫困群体人力资本和物质资本存量。而提升贫困地区经济社会发展水平、改善生态环境以及促进贫困群体人力资本和物质资本积累等恰好是增强贫困地区和贫困群体自我发展能力的重要举措。因此，本书以产业扶贫为切入点，以精准扶贫理念为支撑，在新疆连片特困区构建产业精准扶贫模式，可以最大限度发挥产业扶贫模式的扶贫带动作用，进一步增强新疆连片特困区造血能力和贫困群体自我发展能力。

第二，进一步推动新疆连片特困区脱贫致富和小康社会全面建设。新疆连片特困区作为整个新疆贫困规模最大、贫困人口最集中、减贫成本最高以及脱贫致富最难的地区，必然是新疆“十三五”期间扶贫攻坚的重中之重。产业扶贫不仅可以直接带动贫困群体增收，而且可以为其他扶贫开发工作的顺利开展提供坚实可靠的载体和保障。因此，本书立足于新疆连片特困区特殊区情和贫困群体致贫原因、家庭生计资本、发展诉求等基础条件，在喀什、和田和克州新疆连片特困区构建有劳动能力贫困农户“公司带动的股份合作经营”产业精准扶贫模式、无劳动能力贫困农户“委托经营”产业精准扶贫模式，实现新疆连片特困区贫困群体生产生活质量提升、经济社会快速发展和生态环境有效改善，进一步推动新疆连片特困区脱贫致富和小康社会全面建设。

第三，实现新疆经济发展、边疆安全和国家的长治久安。本书通过构建新疆连片特困区产业精准扶贫模式，进一步推动新疆连片特困区经济社会发展和生态环境改善，缩小南北疆差距，减少新疆经济和社会稳定隐患，实现新疆经济发展、边疆安全和国家长治久安。

1.2 国内外研究动态

自17世纪中叶，让·卢梭在《论人类不平等的起源和基础》中第一次提出贫困基本问题以来，贫困问题和反贫困问题始终受到国内外学者的高度关注。国内外学者对贫困和反贫困相关问题的研究呈现出逐步深入和日益多维的特点。本书拟对国内外贫困、反贫困相关问题研究成果进行系统梳理和归纳。同时，鉴于本书重点以产业扶贫为突破口，探寻新疆连片特困区产业扶贫具体实践路径和模式。因此，本章拟对国内外产业扶贫的相关研究成果进行相应归纳和总结，即本章国内外研究动态主要从贫困内涵、贫困成因、扶贫开发以及产业扶贫四个维度展开。

1.2.1 国外研究动态

1.2.1.1 国外贫困内涵研究动态

国外学者对贫困内涵的研究已有很长的历史，最早可追溯至20世纪初布什（Booth）和特朗里（Rowntree）对伦敦东区城市进行的“一系列调查研究工作”。随后，学者从多个维度对贫困的内涵进行界定。西勃海姆（1899）提出了经济贫困的概念，指出贫困是一种没有足够收入的状态，缺乏获取食物、参加社会活动和最起码生活与社交条件的个人、家庭和群体即是贫困的。汤森（Townsend，1993）认为贫困除了物质生活的匮乏外，更多地表现为权力和发言权的缺乏。权力和发言权的有无成为他们定义贫困的核心因子。诺贝尔奖获得者阿马蒂亚·森在汤森的基础上提出权利贫困的概念，将贫困问题视为对居民基本可行能力的剥夺，并指出这种基本可行能力的剥夺重点表现为过早死亡、严重的营养不良、长期流行性疾病、大量的失业以及一些其他失败等。世界银行《2000年/2001年世界发展报告：与贫困作斗争》也对贫困的内涵进行了界定，指出现代贫困的核心凸显在教育机会的匮乏以及低水平的健康等，即所谓的“缺少达到最低生活水平的能力”，并强调最低生活水平能力缺乏重点表现在营养不良、健康状况差和文化程度低等方面。联合国开发计划署（The United Nations Development Pogamme，UNDP）在综合前人研究的基础上，对贫困的内涵和外延也进行了一定程度的整合和扩展，提出了多元化贫困概念。其指出人类的贫困，不仅局限于某一单一因素，而且是由收入水平低下、教育和健康匮乏以及机会和权利缺失等多种因素共同作用的结果。

1.2.1.2 国外贫困成因研究动态

国外学者对贫困成因的研究也具有较长的历史，同时基于贫困内涵研究的多维性，国外学者对贫困成因的研究也涉及多个层面，归纳起来可以划分为经济视角贫困成因的研究和非经济视角贫困成因的研究两大类。

（1）经济视角贫困成因研究动态。

鉴于早期国外学者对贫困问题的研究主要从收入水平等经济视角展开，因此早期贫困成因研究成果也主要集中在经济发展维度。纳克斯（R. Nurkse，1953）的“贫困恶性循环论”第一次系统描述了区域经济发展和地区贫困之间的关系，其认为一个国家（地区）之所以长期贫困，根本原因是由这个国家或地区经济系统中若干相互联系和相互作用的恶性经济系统造成的，相互联系和相互作用的恶性经济系统一般由资源不足、资本短缺等原因诱发。纳尔逊（R. R. Nelson，1966）在纳克斯研究基础上，增加人口因素对贫困的影响，创造“低水平均衡陷阱理论”。该理论系统分析了资本短缺和人口增长过快对经济增长的影响，指出因人口增长速度过快，导致人均收入水平过低和储蓄能力不足造成资本积累和形成不足，进而诱发“低水平均衡陷阱”是产生贫困的决定性因素。缪尔达尔（Myrdal，1957）对纳尔逊的研究维度进行了进一步拓展，将社会、经济、政治、制度等相关因素均纳入贫困成因研究理论框架，创造性地提出了“循环积累因果关系理论”。该理论认为除了经济因素外，社会、政治、制度等因素也会对贫困的形成产生一定程度的影响，贫困是社会、经济、政治和制度综合作用的结果。但其依然强调因资本短缺造成区域经济发展滞后是众多诱发贫困相关因素中最主要的一个。

综合来看，国外学者经济视角贫困成因的研究，逐步形成了“资本严重短缺致使区域经济发展滞后进而诱发地区贫困”这一相对统一的结论，为贫困地区制定和实施经济扶贫开发政策提供了重要的理论参考。

（2）非经济视角贫困成因研究动态。

关于非经济视角贫困成因的研究，国外学者主要从制度、文化、人力资本、环境、权利和政策等方面展开。马克思最早关注到制度性贫困的问题，其从资本主义产生过程出发，指出资本主义社会产生贫困的根源依然是资本主义社会制度和资本主义经济制度，一方面资本家通过剩余价值索取权榨干劳动者所创造的价值，使其陷入贫困；另一方面失业作为资本主义社会不可避免的社会现象同样造成贫困制度的不可避免性和延续性。奥斯卡·刘易斯（Oscar Lewis，1959）和莫伊尼汉（Moynihan，1969）指出文化贫困也是地区贫困的一个重要组成部分，他们在研究中发现，贫困虽然在表面上表现为一种经济基础的匮乏，但其更深层次的原因是贫困者所表现出来的一种自我维持的贫困文化体系。贫困者由于长期生活在贫困当中，便会形成一套特定的生活方式、行为规范和价值观念，并且这种“亚文化”具有极强的扩散能力和传递性，使得贫困在这种“亚文化”保护下维持和繁衍下去。对于人力资本贫困成因的研究，目前最具有代表性的为西奥多·W. 舒尔茨（Theodore W. Schultz，1962）的“人力资本理论”。该理论认为贫困的根本原因不在于物质资本的短缺，更多的是贫困地区人力资本的匮乏以及人力资本投资的不足。其在后续的研究中提出，伴随着经济社会发展外部条件对贫困影响的作用逐步减弱，人力资本匮乏等内部因素对贫困的影响将会越发凸显。托达罗（Todaro，1977）则试图从环境视角阐释贫困地区贫困产生的原因，其指出一个国家（地区）之所以产生贫困，关键是由于贫困者与其所处的环境之间产生了矛盾，这种矛盾对于多数国家来说，集中反映在人口数量过多而自然资源严重匮乏。

1.2.1.3 国外扶贫开发研究动态

鉴于当前国外贫困内涵和贫困成因研究的多维性，国外学者对扶贫开发相关问题的研究也涉及多个层面。马尔萨斯（Malthus，1959）“抑制人口增长反贫困理论”认为要解救工人、消除贫困，行之有效的途径在于抑制人口的过快增长，以达到人口增长与食物供应之间的平衡。马克思的反贫困理论立足于资本主义产生的本质——生产剩余价值，借助阶级分析的方法从阶级和制度两个维度系统剖析资本主义社会贫困形成的原因和反贫困的具体路径，指出无产阶级消除贫困的唯一出路是从资本主义制度本身寻找答案，只有无产阶级通过暴力革命在政治上推翻资产阶级统治，建立新的社会制度才能彻底消除贫困。庇古（Pigou，1920）提出的“收入均等化反贫困理论”指出，贫困的根源在于经济结构本身，通过国民收入再分配可以使社会财富在不同阶层、不同群体之间进行合理转移，化解初次分配的不公平，从而达到消除贫困的目的。罗森斯坦·罗丹（2010）的“平衡增长理论”和赫希曼（Hirschman，1958）的“不平衡增长理论”均试图从推动贫困地区经济发展的视角来寻求消除贫困的答案，但得到了大相径庭的结论。罗森斯坦·罗丹（2010）在关注到仅投资一个产业而忽视其他产业会造成社会购买力下降、扶贫效益不显著这一问题后，指出应对几个相互关联的互补产业同时进行投资，创造互为需求的市场，以降低生产成本、增加利润，打破贫困的恶性循环。赫希曼（Hirschman，1958）则基于贫困地区经济发展中资源稀缺性和企业家匮乏以及国民经济各部门投入产出比差异悬殊等特点，提出应将资本投资在向后连锁效应较大的产业，实现资本的快速积累，进而通过涓滴效应带动落后产业发展，从而推动整个贫困地区脱贫致富。舒尔茨（Schultz，1962）将贫困群体“人”的主体意识和主观能动性作为消除贫困的关键手段，其在“人力资本投资反贫困理论”中指出减少收入不平等，缩减、消除贫困的最重要途径是加强贫困群体人力资本投资，改善贫困人口的健康状况，提高贫困人口的教育水平和劳动技能，推动贫困人口顺利、有序进入劳动力市场等。

1.2.1.4 国外产业扶贫研究动态

产业扶贫作为贫困地区扶贫开发的重要组成部分，国外学者对产业扶贫的关注和研究始于20世纪40年代发展经济学的兴起。在对产业扶贫的长期研究中，国外学者普遍认为，精确选择扶贫产业是决定产业扶贫成败的关键。因此，争相投入扶贫产业选择的相关研究当中，形成了一系列较为成熟的扶贫产业选择的基础理论。

罗斯托（Rostow，1960）的“经济成长阶段论”指出经济社会发展过程可划分为六个阶段，在任何特定时期，国民经济的不同部门因处于经济社会发展的不同阶段，其增长率存在明显差异，整个经济的增长率则主要由成长迅速、生产率高的关键经济部门决定。因此，对于贫困地区，应选择成长迅速、生产率高的驱动部门和主导部门作为贫困地区产业扶贫的特色扶贫产业项目。佩尔鲁克斯（Perroux，1982）的“推进型产业理论”指出主导产业形成多功能的经济社会发展中心，促进自身发展，并通过吸引和扩散效应推动其他区域发展，而主导产业的形成则主要受到推进型产业、周围环境和增长传递机制等因素的影响。将“推进型产业理论”应用到贫困地区扶贫产业选择当中，则主要为贫困地区选择与周边环境相匹配的推进型产业。赫希曼的“产业关联度原则”、筱原三代平的“二基准原则”以及“过密环境基准”也都提出了贫困地区扶贫产业选择的具体思路和准则。其中，“产业关联度基准”认为在产业关联链中关联系数较大的产业可以促进和带动前、后向产业发展，形成“有效投资序列”。因此，对于贫困地区扶贫产业选择来说，应着重选择向后关联效应较大的产业，从需求方面形成产业发展动力，带动贫困地区整体经济发展。“二基准原则”由“需求收入弹性基准”和“生产率上升基准”两部分构成。应用该基准选择特色扶贫产业，应从需求角度选择那些收入弹性较大的产业，从生产率角度选择那些技术进步速度快、产业附加值高的产业。“过密环境基准”也是扶贫产业选择的一个重要准则，该准则指出在扶贫产业选择过程中应选择那些环境污染少，不会造成产业过度集中的产业。除此之外，赫克歇尔的“资源禀赋理论”、克鲁格曼的“比较优势理论”和迈克尔·波特的“区位理论”也都从不同视角提出扶贫产业选择的具体思路。

除了创造性地提出了大量扶贫产业选择的基础理论外，部分贫困国家（地区）根据自身贫困特点和致贫原因，遵循扶贫产业选择基础理论，在扶贫特色产业选择的实践方面也进行了一系列的尝试。如美国政府为了有效解决“二战”后美国南部的贫困和落后问题，将军事工业和新兴工业确定为当地产业扶贫的核心产业，通过推动军事工业和新兴工业发展，提升贫困地区产业基础水平，改善贫困地区基础设施，实现贫困地区可持续发展和就业岗位的显著增加。南非政府为了摆脱本地区的贫困问题，将旅游产业作为国家增加就业、创造外汇的支柱性产业，并通过整合旅游资源、提高旅游产业管理水平和完善基础设施，将增加就业、农村发展和减少贫困联系在一起，推动当地脱贫致富。巴西政府则在玛瑙斯开辟自由贸易区，开发土地资源，发展电子、汽车、摩托车等技术密集型产业，实现通过技术密集型产业发展带动当地经济的伟大目标。

1.2.1.5 国外研究动态评述

就国外贫困、反贫困相关问题研究成果来看，当前国外学者在贫困内涵、贫困成因、扶贫开发理论与实践等相关问题上，研究较为深入，成果也比较丰富，同时，形成了相对系统和成熟的贫困、反贫困理论体系。尽管这些理论成果的研究假设、前提条件以及研究对象所处的历史阶段与本书的研究对象不尽相同，但其依然对本书的研究具有非常强的借鉴意义。在产业扶贫相关问题的研究方面，国外学者产业扶贫研究领域主要集中在扶贫产业选择的基础支撑理论和特色扶贫产业选择具体实践等相关内容上，对产业扶贫模式的关注则较为匮乏。

1.2.2 国内研究动态

1.2.2.1 国内贫困内涵研究动态

国内学者对贫困内涵的研究主要从经济维度展开，强调绝对贫困的概念。国家统计局课题组指出，贫困主要是指物质生活的困难，个人或家庭缺少某些必要的生活资料和服务，生活水平达不到一种社会可以接受的最低标准，生活处于困难境地。统计局农调队将贫困的内涵定义为：贫困是个人或家庭依靠劳动所得和其他合法收入不能维持自身基本的生存需求的一种状态。汪三贵指出，贫困是缺乏生活资料，缺少劳动力和再生产的物质条件，或因收入低下而长期处于相当低的生活水平。康晓光也对贫困进行了定义，即贫困是一种生存状态，在这种生存状态中，人类长期不能维持一种个人生理和社会文化可以接受的生活水平。童星、云宝君等则认为：贫困是由于经济、社会、文化三方面不平衡而导致人类的低收入，从而引起无法满足最低生活必需品，以及缺乏发展的机会和能力的一种生活困境。

1.2.2.2 国内贫困成因研究动态

在广泛借鉴国外贫困成因研究理论的基础上，国内学者结合我国贫困地区的贫困特点，对我国贫困地区的贫困成因也进行了充分的研究，逐步形成了“制度论”“条件论”“素质论”和“起点论”四种截然不同的贫困成因的研究观点。

（1）贫困成因制度论研究动态。

对于贫困成因制度论的研究。张新伟（1999）从我国计划经济制度出发，指出我国农村地区和广大农民长期处于贫困状态的主要原因在于我国市场经济体制尚未完全建立，国家的工业化建设普遍通过工业对农业的“剪刀差”，以牺牲农业和农民的利益来实现，这就必然极大地压低了农民的收入水平，致使农民长期生活在贫困之中。李兴江、窦开龙（2003）将地区发展不平衡理论引入我国贫困问题的研究当中，指出我国因改革开放以来实行的“梯度转移战略”致使我国东部、中部、西部呈现梯度发展态势和三大区域间收入差距逐渐拉大是导致我国相对贫困问题日益凸显的根本原因。周静茹（2014）以六盘山回族地区为例，探究民族地区长期贫困的成因，指出户籍及相关制度和我国的城乡二元经济结构造成民族地区农村无法享受与城镇均等的医疗、教育、失业等社会福利和保障是造成民族地区长期贫困的根本性制度原因。金旭東（2015）则认为民族地区地理位置远离经济、社会、文化中心，交通通信条件差，内部交流困难，外部交流成本高，造成民族地区长期制度固化和技术停滞是致使民族地区农村贫困的一个重要制度因素。

（2）贫困成因条件论研究动态。

对于贫困成因条件论的研究。程厚思等（1999）指出贫困地区贫困的客观原因是自然生态环境恶劣、基础设施落后、生产方式原始、信息闭塞以及文化传统、宗教信仰和风俗习惯特殊等，刺激经济发展的外部因素很难渗透到贫困地区的经济“孤岛”体系内部。李茂林（2010）指出优质土地资源匮乏，生产效率低下以及气候条件恶劣，自然灾害频发是贫困地区贫困发生率居高不下的一个重要原因。王洪涛（2013）则指出我国的贫困地区往往是生态脆弱地区和自然灾害多发地区，这些地区一旦遇到火灾、旱灾、风雪灾等自然灾害，就会造成房屋、农作物等财产的损失，从而使居民很难再维持以前原有的基本生产生活水平，进而进入贫困群体的行列。

（3）贫困成因素质论研究动态。

对于贫困成因素质论的研究。赵茂林（2005）指出贫困群体的个人素质低下是其贫困的内在本质根源，其他因素只是造成贫困的外部原因。龚晓宽（2006）指出一个国家（地区）经济的发展能力，主要是由经济系统中人力资本状况决定的，贫困地区居民人力资本水平低下是制约贫困地区经济发展和脱贫致富的关键因素。敬莉（2008）在研究中也论证了人力资本对贫困地区脱贫致富的重要性，认为贫困地区长期贫困的深层次原因是人力资源的稀缺和人口素质的低下。王洪涛（2013）、潘明明（2016）等指出通过教育、医疗、人口控制、人口迁移等人力资源开发手段，提升农村劳动力的文化水平、身体素质、务工技能、转变劳动力的思想观念，推动农村劳动力在城乡之间合理流动，实现农村人力资源优化配置是推动农村地区经济社会快速、有序发展，农民生活质量显著提升以及农村生态环境有效改善的必经之路。

（4）贫困成因起点论研究动态。

对于贫困成因起点论的研究。王改弟（2000）以斯密为代表的古典经济理论、纳克斯的“贫困恶性循环理论”等“唯资本论”观点为理论依据，阐释民族地区贫困的原因是历史起点低、发展资金积累不足等。民族地区由于经济发展落后，无法形成现代经济起飞的积累资金，致使自身长期处于贫困之中。杨建吾（2005）对四川藏区贫困现状及成因进行分析，指出造成该地区长期贫困的根本原因除了地理自然环境恶劣、地方病频发、扶贫资金投入不足等因素外，经济发展长期滞后、社会历史起点较低也是一个非常重要的因素。

1.2.2.3 国内扶贫开发研究动态

自1978年改革开放以来，我国各级政府均积极投入所在辖区的扶贫开发工作当中，先后经历了“救济式”扶贫、“开发式”扶贫、“参与式”扶贫、“多元化”扶贫等多个扶贫开发阶段，并于2013年进入“精准扶贫”阶段。本书拟对上述各扶贫开发阶段形成的扶贫理论与实践模式进行梳理和归纳。鉴于“救济式”扶贫、“开发式”扶贫、“参与式”扶贫、“多元化”扶贫四阶段形成的反贫困理论与实践模式提出的时间相对较长，且在贫困地区扶贫开发进程中被普遍验证和认可，为了便于归纳和梳理，论文将这四个阶段形成的扶贫开发理论成果统一归结为经典扶贫开发研究理论成果。精准扶贫是我国扶贫开发进入新阶段、新时期，国家在总结以往扶贫开发缺陷的基础上，结合当前我国贫困地区贫困现状和扶贫开发的特点，提出的扶贫开发的新理念和新思路。论文将精准扶贫阶段形成的扶贫开发理论成果归结为精准扶贫研究理论成果。

（1）经典扶贫开发研究动态。

中国（南海）改革发展研究院“反贫困研究”课题组（1998）指出反贫困需要组织和动员社会各个方面资源，国家推行的山区综合开发、温饱工程、人力资源开发、“巾帼扶贫”行动、小额信贷扶贫以及以工代赈扶贫都是带动贫困地区经济社会发展和消除贫困行之有效的方式，但是必须与贫困地区贫困特点相吻合才能最大限度地发挥相应的扶贫效应。国家统计局农村社会经济调查总队（2000）通过对我国东部、中部、西部贫困地区进行调查，筛选出三种效果较为明显的农村扶贫模式，具体包括贴息贷款扶贫模式、以工代赈扶贫模式和财政扶贫开发模式。蔡昉（2003）、姚毅（2010）等认为在农村地区实施小额信贷、以工代赈、项目开发、人力资源培训与劳务输出、移民搬迁和国际合作等扶贫措施对促进当地经济发展，提高人们收入水平，实现贫困地区脱贫致富具有显著效果。叶普万和周明（2008）、陕立勤和 Kang Shou Lu（2009）、郑志龙（2009）等根据国外反贫困理论对我国减贫的相关因素进行实证分析，提出信贷扶贫、减贫与国家经济发展相结合战略、直接瞄准贫困群体以及制度性扶贫等扶贫开发政策效果显著。樊纲（2002）、张杰（2006）、张雄（2007）等指出农业生产依然是农户最基本的收入来源，加大对农业资金、技术等的投入力度不仅可以改善贫困地区的生产生活条件，而且对提高贫困地区经济增长速度和人均收入水平也意义重大。峻峰（2004）、李俊杰和伍学德（2006）、汪三贵和朱希刚（2001）、魏淑清（2011）等从严格控制贫困人口增长、加大农村人力资本投资、强化贫困人口自我发展能力和扩大劳务输出等方面提出西部少数民族地区反贫困的理性选择。覃建雄等（2013）、黄国庆（2013）、赵荣和甘雨萌（2015）在系统分析旅游开发对提高居民收入水平、推动区域经济发展的基础上，提出旅游扶贫的具体实施路径，包括丰富旅游产品、完善基础设施、规范市场运作、创造良好的旅游发展环境等。许源源（2006）、余俐颖（2010）和张曦（2013）则指出在贫困概念逐步演变、贫困内涵日益多元化的趋势下，政府应广泛采用“参与式”扶贫模式来帮助贫困地区农民脱贫致富，同时他们归纳出“参与式”扶贫开发模式应包括贫困农户参与扶贫资金和资源投放领域、项目和产业选择决策，参加扶贫项目决定、管理、监督和评估，分享扶贫项目利益等内容。另有李茂林（2010）、邵志忠（2011）、庄天慧和杨宇（2010）、芦千文（2010）、蒋萍（2012）、袁玥

(2012)等学者也都对贫困地区扶贫开发的理论和实践模式提出了自己的见解，包括整合区位资源、加强基础设施建设、发展低碳经济、推动科技创新与科技成果转化以及实现金融发展普惠制等。

(2)精准扶贫研究动态。

精准扶贫发端于2007年广东扶贫开发部门针对北部贫困山区提出的“精准性扶贫”。2013年11月习近平总书记在湖南湘西考察时首次系统诠释了“实事求是、因地制宜、分类指导、精准扶贫”的精准扶贫思想，并将其作为我国下一阶段扶贫开发工作的核心指导理念。至此，精准扶贫一词成为社会各界高度关注的焦点。国内学者也纷纷转向精准扶贫相关问题的研究。目前，学者对于精准扶贫的研究主要集中在精准扶贫内涵的诠释和精准扶贫机制的梳理两个维度。

首先，对于精准扶贫内涵的诠释。杨波(2015)认为精准扶贫是过去“大水漫灌”式扶贫向“滴灌”式精细化扶贫的一种转变。刘解龙(2015)指出精准扶贫并不只是一种战略、一种政策、一种机制，而是包括理论、战略、政策、机制和行为的完整系统。黄承伟和覃志敏(2015)、郑瑞强(2016)较为系统地诠释了精准扶贫的本质，认为精准扶贫是指扶贫开发工作者在扶贫工作中实现扶贫主体精准定位、扶贫对象精确识别、扶贫路径精准选择，从而高效开展扶贫工作，并取得减贫、脱贫成果的一种扶贫开发方式，也就是我们通常所说的“真扶贫、扶真贫”。汪三贵和郭子豪(2016)在综合前人精准扶贫内涵研究成果基础上，对精准扶贫的概念进行定义：精准扶贫是指依靠科学的技术手段，因时、因地对贫困户进行精准识别，按照贫困户实际情况开展有针对性的帮扶，并引入动态绩效考核机制，推动贫困户脱贫致富的一种扶贫开发方式。

其次，对于精准扶贫机制的梳理。潘帅(2016)指出精准扶贫工作机制是指扶贫体系内部各构成要素之间相互作用、相互关联以及相互制衡的动态关系及其功能，是精准扶贫过程中引导、调配、促进扶贫行动持续有效发展的组合样式、管理制度及调控措施的总称。刘胜林等(2015)从精准扶贫的概念出发，甄选出精准扶贫机制的具体内容。精准扶贫的要义重点在于显现扶贫工作中的四个精准，即“对象精准、项目精准、措施精准和成效精准”，因此精准扶贫的工作机制具体包括“精准识别机制、精准帮扶机制、精准管理机制、精准考核机制”。王国勇和邢溦(2015)全面阐述了精准扶贫中四个机制的具体功能。贫困户精准识别机制是精准扶贫成功的前提和基础，精准帮扶机制是精准扶贫成功的关键，精准管理机制是精准扶贫成功的有效保障，精准考核机制则是保障精准扶贫顺利开展的重要手段，同时也是精准扶贫政策和管理不断完善的助推器。梁土坤

（2016）提出了精准扶贫机制的运行路径。在贫困群体精准识别方面，扶贫工作者应制定详细的贫困对象识别程序并分类识别贫困对象；在精准帮扶方面，扶贫工作者应努力推动干部帮扶、产业帮扶和金融帮扶相统一，提高精准帮扶的效率；在精准管理方面，扶贫工作者应通过多种手段实现扶贫管理环节的精准化、管理常态化以及扶贫管理信息化；在扶贫工作精准考核方面，扶贫工作者应建立精准扶贫管理考核制度，形成精准扶贫工作评估机制以及构建精准扶贫绩效反馈机制等。

1.2.2.4　国内产业扶贫研究动态

产业扶贫也是我国扶贫开发工作的重要构成部分，兴起于20世纪80年代《国家八七扶贫攻坚计划》的制定和全面实施。当前，关于产业扶贫问题的研究，国内学者主要集中在两个层面：一是发展什么产业实现贫困群体脱贫致富；二是如果发展相关产业实现贫困群体脱贫致富。前一维度的研究重点落脚在扶贫产业和项目的选择上，后一维度的研究则着重探究产业扶贫的具体模式。接下来，本书拟对产业扶贫上述两个维度研究形成的理论成果进行系统地梳理和归纳。

（1）扶贫产业选择研究动态。

李甫春（2000）在充分调查广西扶贫开发现状的基础上，梳理出八种具体的产业扶贫开发项目，即发挥亚热带优势，发展甘蔗产业；发挥山区优势，发展林业经济；发展生态农业，实现良性循环；发挥水电资源优势，振兴水产养殖经济；发挥山水风光、民族民情优势，发展旅游业；发挥边疆优势，发展边境贸易；发挥地域优势，发展经济作物；发挥矿产资源优势，推动矿产采掘加工业发展。胡锡茹（2003）在系统分析云南贫困地区旅游资源优势的基础上，指出云南贫困地区旅游产业扶贫开发应重点落脚在生态旅游扶贫开发、民族文化旅游扶贫开发、边境旅游扶贫开发三种类型上。王思铁和倪国良（2010）提出生态文明扶贫开发的理念，指出扶贫开发应大力发展生态产业，通过生态产业的生态功能提升，为扶贫开发工作提供服务，提高扶贫效果和全社会福利，进而达到扶贫开发的目的。同时指出，生态扶贫开发产业主要包括生态农业、生态工业、生态材料和生态旅游等。张亚男（2013）将精准扶贫理念引入扶贫产业选择中，指出乌蒙山民族走廊的精准扶贫产业包含马铃薯、畜牧、蔬菜、苹果、魔芋、桑葚和竹子七大特色产业。

（2）产业扶贫模式研究动态。

舒银燕（2014）在深入挖掘阿马蒂亚·森发展观、可持续发展理论和“参与式”发展理论基础上，指出科学、合理的产业扶贫模式应具备扶贫覆盖面广、减贫效果突出、贫困人口发展能力带动性强以及配套政策完善等特点。李志萌和张宜红（2016）在对赣南革命老区贫困和反贫困现状进行实地调研后，指出大力发展优势产业是赣南革命老区尽快、尽早摆脱贫困的关键途径，同时强调要想最大限度发挥产业扶贫的成效，应遵循“龙头企业 + 合作社 + 基地 + 贫困农户”“金融服务 +”“互联网 +”“移民搬迁进城进园”四大特色产业扶贫模式。

1.2.2.5 国内研究动态评述

就国内贫困、反贫困相关问题研究成果来看，目前国内学者对贫困的内涵、贫困成因等贫困相关问题的研究较为深入；反贫困研究在“救济式”扶贫、“开发式”扶贫、“参与式”扶贫、“多元化”扶贫等相关扶贫开发阶段形成了较为成熟的理论体系和实践模式与路径。精准扶贫的研究周期较短，研究内容依然停留在概念解读和机制构建等理论范畴；而对于产业扶贫相关问题研究，国内学者对扶贫产业选择和产业扶贫模式两方面均进行了一些研究，并形成了一定的理论成果，但受制于精准扶贫提出周期较短，研究成果较少等，以贫困农户贫困状况为切入点，对产业精准扶贫问题研究明显不足，对产业精准扶贫模式研究更不多见。

1.2.3 新疆研究动态

1.2.3.1 新疆贫困成因研究动态

沈会盼和常永才（2003）指出造成新疆长期贫困的原因主要有以下几个方面：①自然条件贫瘠，生态环境恶劣，农牧业发展基础设施落后；②农牧民人力资本短缺，科技文化素质低下；③部分贫困群体受传统文化和生活习惯影响，观念陈旧，不思进取，市场经济意识差，“等、靠、要”依赖思想严重；④自然灾害频发，致使部分居民长期处在贫困线以下；⑤农业结构不合理，农副产品恶性竞争导致价格大幅下降，降低农牧民收入水平，延缓贫困群体脱贫致富步伐。方珊媛（2005）指出，新疆经济总量小，经济实力弱，人均收入水平和消费水平大幅度落后全国水平，造成经济发展活力不足是新疆深陷贫困“泥潭”的重要原因。阿里木江·阿不来提（2007）将新疆贫困的原因归纳为社会、个人和自然三种类型，社会致贫原因主要包括贫困人口就业不足、贫困地区收入分配不均衡、城镇化水平较低和社会保障制度不完善等；个人致贫原因主要由贫困人口文化素质水平低下和就业观念陈旧两部分构成；自然致贫原因则一般是指新疆生态环境脆弱、自然灾害频发等内容。刘磊磊等（2008）系统分析了新疆边境地区贫困的形成机理，指出新疆边境地区的贫困是资源贫困、机会贫困、能力贫困和制度贫困共同作用的结果。朱金鹤和崔登峰（2011）试图通过对新疆国家级贫困县进行研究来挖掘新疆贫困的深层次原因，结果表明，新疆的贫困包括生态贫困、地域贫困、民族贫困、文化教育贫困、市场竞争引致贫困以及制度性贫困等多种类型。

1.2.3.2　新疆扶贫开发研究动态

（1）新疆经典扶贫开发研究动态。

孟戈（2006）指出在新疆扶贫开发工作中，要把以工代赈扶贫开发工作提升到一个新的高度，要稳步推行自愿易地搬迁扶贫工作，要加快启动“招工扶贫”工程，广泛动员和组织社会各界力量参与到新疆的扶贫开发工作中。陈阳（2007）基于新疆贫困的原因在于产业结构差异、传统农业落后、自然条件严峻、生态系统脆弱、交通不便、信息相对闭塞这一基本结论，提出实施整村推进，加快高新技术产业发展，发展地方特色产业，推进农业生产清洁化、资源化和循环化，用足用好扶贫资金，实施搬迁和易地开发，引导全社会关注以及推行“参与式”扶贫开发等方面的扶贫举措。韩丽萍和韩茜（2010）提出新疆农村地区扶贫开发的对策建议，即加大新疆农村贫困地区基础设施建设投入力度，改善贫困地区农民生产生活条件，创造贫困群体脱贫致富有利条件以及增强贫困群体抗灾和抵御市场风险的能力等。胡艳丽（2012）在对新疆农村贫困问题的研究过程中，关注到农业科技创新对新疆减贫、脱贫的贡献，提出新疆贫困农村地区应加大农业财政科技投入和补贴力度，改善农业科技创新条件，完善农业科技创新机制，加强基层公益性农业推广服务，引导科研教育机构积极开展农技服务，培育和支持新型农业社会化服务组织以及振兴发展农业教育等来提升新疆农村地区科技创新能力，转变贫困农牧民思想观念，加快农牧民脱贫致富步伐，促进新疆贫困地区经济社会发展和脱贫致富。李梦露（2013）突出强调农村人力资源开发在新疆扶贫开发工作中的作用，指出通过农村人力资源开发提高农民素质和就业能力、控制人口数量、推动农业剩余劳动力有序转移是从根本上解决新疆农村地区贫困和创建和谐社会的关键。张音和雷汉云（2015）基于金融扶贫可以实现扶贫开发工作由“输血型”扶贫向“造血型”扶贫转变这一优势，提出金融扶贫的具体实施路径，包括充分利用贫困农村组织资源和农业产业化资源，开展多种金融服务；立足金融互惠功能，推进反贫困金融发展；引导民间金融参与到反贫困工作中；鼓励和利用农村合作金融，深化农村信用社改革；重视运用政策性金融手段以及实现财政和金融服务合理搭配等。

（2）新疆精准扶贫研究动态。

目前，学者对新疆精准扶贫的研究较少，仅有孙永敏和张爱萍（2016）梳理了新疆精准扶贫工作要点，包括细化脱贫措施、扎实推进农业扶贫、突出解决因病致残致贫难题、创新教育扶贫、阻断贫困代际传递、提升技术培训质量、提高劳务输出数量等。吴娟（2016）提出新疆精准扶贫的具体实施路径，指出在精准扶贫机制方面应完善精准识别机制、精准扶贫尺度，创新精准管理机制；在精准扶贫操作层面应推进产业结构优化升级，完善社会公共服务，提升贫困地区贫困群体自我发展能力，充分有效利用援疆、驻村等外源性资源等。

1.2.3.3 新疆产业扶贫研究动态

新疆产业扶贫的研究较少，散见于一些文献当中，涉及的内容重点为新疆贫困地区扶贫产业的具体选择。冯建伟（2010）指出新疆产业扶贫开发的主线应围绕在棉花、粮食、林果、畜牧、区域特色产品和设施农业六大农业支柱产业上。李莉和李珊珊（2012）、张元明（2013）调查分析了特色林果业对新疆伽师县居民增收的贡献，指出新疆伽师县应通过优化资源配置，突出地区特色，重点培育和发展特色林果业。刘俊博（2015）在对乌鲁木齐县甘沟乡东风村实地调查后，提出农村旅游扶贫开发新举措，首先通过规划招商、整合集体用地、开发旅游房地产、提高旅游发展环境；其次鼓励村民开办牧家乐等旅游项目，建立哈萨克风情街，以独特的民俗文化为旅游亮点，提高牧家乐经营效益和质量，实现牧民持续增收。

对于新疆产业扶贫模式的研究，目前仅有王景新等（2011）基于新疆荒漠特困区气候干旱、水资源短缺、生态环境恶化的特点，结合红柳大芸产业发展特点提出“公社式”开发模式、“协会+农户”双层开发模式、“龙头企业”主导开发模式以及创业农民自主开发模式四种产业扶贫模式。

1.2.3.4 新疆研究动态评述

就新疆贫困与反贫困相关问题的研究动态来看，新疆贫困成因的研究比较成熟。反贫困问题的研究主要集中在通过开展中小城镇建设、基础设施建设、农业科技补贴、特色产业发展和农村人力资源开发等方式来实现新疆脱贫致富。精准扶贫问题的研究仅涉及概念解读的浅层次分析。产业扶贫研究不多见，产业扶贫模式研究凤毛麟角，以新疆连片特困区为研究对象，从贫困农户视角出发，研究新疆连片特困区产业精准扶贫模式的文献更是空白。

1.2.4 国内外研究动态评述

对于贫困问题的关注和研究充分彰显了人类对社会公正和文明进步的要求，

同时也是人类关注和追求自身发展的重要体现。目前，国内外学者关于贫困、反贫困相关问题的研究形成了丰富的理论成果，为贫困地区扶贫开发工作的顺利开展提供了坚实的理论指导和实践基础。但由于前人的学科领域、所处历史阶段以及关注的对象的不同，前人的研究成果也存在一定的缺陷和不足。具体来说，目前国内外关于贫困问题的研究较为深入，反贫困问题的研究主要集中对在“救济式”扶贫、“开发式”扶贫、“参与式”扶贫、“多元化”扶贫阶段的扶贫理论与实践模式的探讨。精准扶贫的研究相对较少，产业精准扶贫的研究也不多见，对南疆三地州这一新疆连片荒漠和边境特困区的产业精准扶贫模式问题的研究更是凤毛麟角。

基于此，本书以三地州产业扶贫为切入点，在对三地州现有产业扶贫模式运行方式、模式缺陷等相关问题进行全面系统调查分析的基础上，将精准扶贫理念引入三地州产业扶贫模式优化与构建中，依托贫困农户基础条件，构建与三地州贫困地区贫困人口贫困程度与特点、致贫原因、家庭生计资本以及自我发展诉求等基础条件相匹配，贫困群体参与度高，扶贫带动能力强的产业精准扶贫模式，并提出切实可行的实施路径和保障措施。本书对于最大限度发挥三地州产业扶贫项目扶贫带动能力，尽快、尽早消除三地州的贫困问题，推进三地州小康社会全面建设，实现新疆经济社会可持续发展和长治久安以及各民族共同繁荣进步均具有重要意义。

1.3 研究内容

本书基于扶贫、产业扶贫和精准扶贫相关理论，在全面了解新疆连片特困区现有产业扶贫模式类型、运行现状的基础上，借助南疆三地州贫困农牧民调查问卷数据对新疆连片特困区现有产业扶贫模式进行综合评价，深入剖析新疆连片特困区现有产业扶贫模式存在的问题以及存在问题的深层次原因，依据新疆连片特困区贫困群体贫困程度、特征、致贫原因、家庭生计资本、发展诉求等基础条件和借鉴国内产业精准扶贫模式成功经验，结合精准扶贫理念和“参与式”发展理论构建新疆连片特困区产业精准扶贫模式，并提出具体可行的对策建议和保障体系。本书共包括 10 章的内容。

第 1 章：绪论。共包括五个部分的内容，依次为研究背景与研究意义；国内外研究动态及评述；研究内容；研究方法与技术路线；研究的创新之处。

第2章：概念界定与理论基础。首先，对产业扶贫、精准扶贫、产业精准扶贫、产业精准扶贫模式等与本书高度相关的核心概念进行界定；其次，对支撑产业扶贫的莱宾斯坦“临界最小努力”理论、阿马蒂亚·森“赋权”反贫困理论进行全面系统梳理；再次，对指导产业精准扶贫模式构建的精准扶贫理念、“参与式”发展理论进行详细阐述；最后，对新疆连片特困区的范围和新疆连片特困区产业扶贫模式研究涉及的扶贫产业范围进行科学界定。

第3章：新疆连片特困区产业扶贫状况。首先，对新疆连片特困区产业扶贫开发历程进行系统梳理；其次，对新疆连片特困区产业扶贫开发工作相关内容进行全面归纳；再次，借助VAR脉冲响应分析和方差分解分析等方法对新疆连片特困区产业扶贫开发工作成效进行测度，并与全国扶贫重点县平均水平进行比较分析；最后，借助测度结果及与全国扶贫重点县平均水平的比较分析结果，明确本书产业扶贫核心问题的落脚点——新疆连片特困区产业扶贫模式。

第4章：新疆连片特困区产业扶贫模式类型及结构分析。在对新疆连片特困区现有产业扶贫模式类型系统梳理的基础上，借助实地走访和个案分析等方法，对新疆连片特困区现有产业扶贫模式的参与主体、运行机制及运行现状进行系统、深入的调查与分析。

第5章：新疆连片特困区产业扶贫模式综合评价与分析。首先，借助657份新疆三地州贫困农牧民调查问卷数据，运行AHP模糊综合评价分析法对新疆连片特困区现有产业扶贫模式进行综合评价；其次，借助实地走访的分析方法，对新疆连片特困区现有产业扶贫模式存在的问题进行深入调查与分析；最后，借助个案访谈的方法对新疆连片特困区产业扶贫模式存在问题的深层次原因进行系统深入剖析。

第6章：国内产业精准扶贫模式成功经验及启示。首先，对国内部分贫困地区产业精准扶贫模式成功经验进行梳理；其次，通过比较分析国内产业精准扶贫模式具体内容和运行特点，总结其成功的经验，为新疆连片特困区构建产业精准扶贫模式提供经验借鉴。

第7章：新疆连片特困区产业精准扶贫模式构建基础条件分析。首先，归纳总结出新疆连片特困区产业精准扶贫模式构建的目标、原则及流程；其次，依据新疆连片特困区产业精准扶贫模式构建流程，对新疆连片特困区贫困群体进行精准识别，找准新疆连片特困区产业精准扶贫模式构建的具体方向；最后，对产业精准扶贫模式构建核心参与主体进行访谈，确立构建新疆连片特困区产业精准扶贫模式的切入点，提出新疆连片特困区产业精准扶贫模式构建的总体设想。

第8章：新疆连片特困区产业精准扶贫模式构建。结合新疆连片特困区产业精准扶贫模式构建切入点，构建新疆连片特困区产业精准扶贫模式，并系统阐释新疆连片特困区产业精准扶贫模式类型、内部结构、运行机制、优势及可行性等。

第 9 章：新疆连片特困区产业精准扶贫模式运行主体能力建设及保障体系。首先，从新疆连片特困区产业精准扶贫模式核心参与主体维度提出新疆连片特困区产业精准扶贫模式运行参与主体能力建设对策建议；其次从政策与制度、资金投入、科技服务、市场拓展以及基础设施建设产业精准扶贫模式运行五个外部条件构建新疆连片特困区产业精准扶贫模式运行保障体系。

第 10 章：研究结论与展望。归纳总结出本书的主要结论，并对下一阶段的研究提出研究计划和展望。

1.4 研究方法与技术路线

1.4.1 研究方法

（1）文献分析法。本书首先采用 EBSCO 和 Springer 等国际数据库和中国知网（CNKI）、万方数据库、维普数据库等中文数据库对贫困、反贫困、产业扶贫等与本书相关的中外文文献进行检索；然后通过对国内外文献和资料进行梳理和归纳，了解当前扶贫与产业扶贫的研究热点和理论前沿，为研究新疆连片特困区产业精准扶贫模式提供一定的理论支撑。

（2）深入访谈与问卷调查相结合。对新疆维吾尔自治区、三地州、各贫困县扶贫办工作人员，乡村扶贫开发工作人员以及贫困农户进行实地深入访谈，了解当前三地州各级政府产业扶贫的政策、项目和具体模式；对三地州贫困农牧民进行实地问卷调查，系统了解当前三地州农牧民贫困特点、致贫原因、家庭生计资本、发展诉求，新疆连片特困区扶贫与产业扶贫动态，现有产业扶贫模式类型与产业扶贫模式运行现状，以及贫困农牧民对新疆连片特困区现有产业扶贫模式的感知、看法、满意度、意见和建议等信息。

（3）个案分析法。分别以和田地区和田县塔瓦库勒乡、喀什地区塔什库尔干县塔合曼乡和伽师县克孜勒博依乡乔拉克村为典型案例，深入调查分析新疆连片特困区现有的“农户自营”模式、“农民专业合作社经营”模式、“公司带动的订单生产”模式三类产业扶贫模式内涵、参与主体及功能、运行机制及运行现状等相关问题。

（4）实证分析与规范分析相结合。实证分析方面，运用 VAR 模型的脉冲响应分析和方差分解分析方法对新疆连片特困区产业扶贫效果进行测度。借助 AHP 模糊综合评价法对新疆连片特困区现有产业扶贫模式进行综合评价。规范分析方面，运用规范分析的方法构建新疆连片特困区产业精准扶贫模式，并针对模式实施提出切实可行的对策建议及保障体系。

1.4.2 技术路线图

本书的技术路线图如图 1－1 所示。

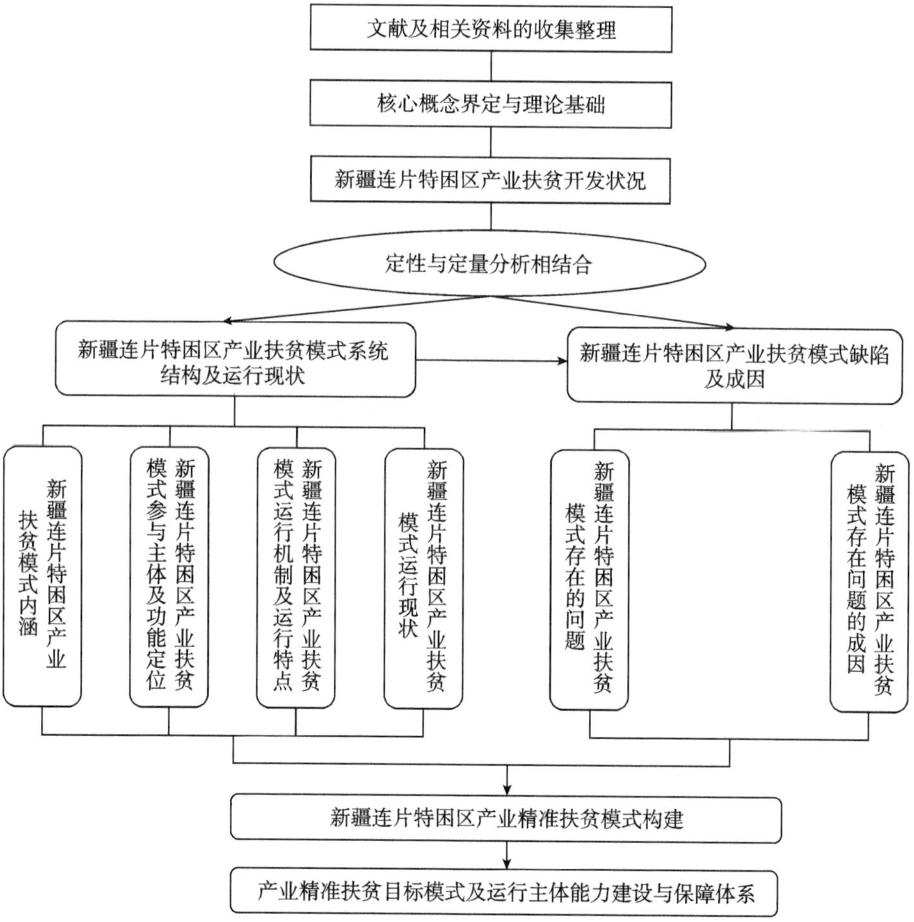

图 1－1 本书的技术路线

1.5 研究创新点

本书的创新点主要体现在以下几个方面：

（1）结合产业扶贫、精准扶贫、产业扶贫模式内涵与外延，定义产业精准扶贫模式概念，确定产业精准扶贫模式构建目标与原则；提出落脚到贫困农户，以贫困农户为主体，根据贫困农户贫困属性、等级、形成原因以及现实需求等基础条件构建产业精准扶贫模式的基本思路；确立有效破解贫困农户发展困境、激发贫困群体主观能动性以及最大化利用扶贫资源的产业精准扶贫模式构建基本准则。

（2）将无劳动能力贫困农户纳入产业扶贫范畴。基于有无劳动能力贫困农户对接产业方式及产业扶贫落脚点差异，分别构建有劳动能力贫困农户解决其市场、资金或技术短缺及分享产品生产、加工、流通、销售等相关环节利润，最大化利用扶贫资源的"公司带动的股份合作经营"产业精准扶贫模式；构建无劳动能力农户通过土地、资金嵌入产业链条，分享产业发展红利的"委托经营"产业精准扶贫模式。

（3）在研究方法上，除了广泛使用 VAR 模型、模糊综合评价法、有序 PROBIT 模型等计量分析方法外，个案分析、访谈分析等社会学研究方法与范式也被纳入本书的研究中。研究方法更为丰富、新颖。

1.6 本章小结

本章为本书的绪论部分，主要从研究背景与研究意义、国内外研究动态及评述、研究主要内容、研究基本方法与技术路线以及研究的创新点五个方面进行较为细致的阐述。新疆连片特困区"少、边、贫"特征凸显，贫困、社会等问题交织，脱贫问题亟待解决。产业扶贫虽为内生性可持续"造血型"扶贫开发方式，但目前存在贫困群体参与度低、扶贫带动能力不足且不持续等问题，迫切需要改善。当前学者对贫困内涵、贫困成因，"救济"式扶贫、"开发"式扶贫、

“参与”式扶贫理论与实践模式等问题研究较为深入，精准扶贫和产业扶贫模式相关研究严重不足，以新疆三地州这一新疆连片荒漠和边境特困区为对象，研究产业精准扶贫和产业精准扶贫模式的相关理论成果更为稀少。本书以新疆三地州为研究对象，研究新疆连片特困区的产业精准扶贫模式的相关问题。对于绪论部分的研究，彰显出本书研究的意义和价值，从理论上为课题的研究提供一定的支撑。

第 2 章　概念界定与理论基础

2.1　概念界定

2.1.1　产业扶贫

产业扶贫一词提出时间较早，但国内外学者关于产业扶贫内涵的研究，并未形成相对统一的结论。《中国农村扶贫开发纲要（2001—2010 年）》首次对产业扶贫内涵相关问题展开探讨，认为产业扶贫是产业发展和扶贫的有机结合，是以产业发展为杠杆的扶贫开发活动，其目标旨在通过发展特色产业实现脱贫致富。杨松朴（2005）第一次对产业扶贫内涵进行阐释，认为产业扶贫是一种为使贫困地区和贫困群体改变贫困落后局面而实施的一种以经济发展为主要内容的“开发式”扶贫活动。在该扶贫开发活动中，要求贫困群体广泛参与到经济发展当中，引导贫困群体利用当地优势资源，进行开发式的生产建设，发展当地特色优势产业来实现增收和脱贫致富。黄新星（2012）则在总结前人研究成果的基础上，提出了产业扶贫的定义，即产业扶贫是以贫困地区经济社会发展和贫困农户增收为目标、以政策支持为依托，利用贫困地区的优势资源，通过合作经营或龙头企业、家庭农场、大户带动等多种方式，组织、引导农户发展当地特色优势产业，实现贫困群体增收和贫困地区脱贫致富的过程。陈希勇（2016）等对产业扶贫的核心内容展开研究，指出产业扶贫的核心为借助资金、技术、人力等一定的生产要素和资源，运用合作经营、订单生产、委托经营等相应的方法和手段，引导和组织贫困农户发展当地特色优势产业。罗苏杰（2017）则认为，除了借助一定的生产要素和资源，运行相应的方法和手段引导、组织农户发展当地特色产业外，依据贫困地区资源禀赋，甄选扶贫产业项目也是产业扶贫开发工作的一项重要内容。刘鹏程（2017）等在研究中也指出，产业扶贫开发工作首要工作应为甄选扶贫产业项目，然后是引导、组织贫困农户发展扶贫产业项目。甄选扶贫产业项目是产业扶贫的前提和基础，组织、引导农户发展扶贫产业项目则是产业扶贫的关键与核心。

基于以上分析，笔者认为甄选扶贫产业项目和帮扶贫困农户发展扶贫产业项目是完备的产业扶贫开发活动的两个最关键的核心环节。因此，根据前人的研究成果，笔者将产业扶贫定义为：在我国扶贫战略背景下，为实现贫困群体和贫困地区脱贫致富的目标，扶贫开发部门与组织甄选贫困地区特色扶贫产业项目，并借助一定的生产要素和资源，运用相应的方法和手段，组织、引导贫困农户发展特色扶贫产业项目，实现自身增收和脱贫致富的过程。

2.1.2 精准扶贫

精准扶贫首次系统提出始于习近平总书记2013年11月在湖南湘西考察时提出的“实事求是、因地制宜、分类指导、精准扶贫”的“精准扶贫”思想。精准扶贫是针对当前我国扶贫开发实践中存在的“扶贫对象不明、贫困原因不清、扶贫资金与项目指向不准、扶贫措施针对性不强”等问题提出来的，其目的是提高扶贫的精准度。精准扶贫的核心是利用科学合理的方法对扶贫对象进行甄选，根据不同贫困区域环境和贫困户状况，有针对性地实施帮扶手段。精准扶贫的构成要素包括精准识别、精准帮扶、精准管理和精准考核四个部分内容。其中，精准识别是指通过一定的科学、合规的程序和手段，将贫困群体精准识别出来，具体包括将真正贫困的群体甄选出来，厘清贫困群体的贫困特征、致贫原因、家庭生计资本以及自我发展诉求等内容；精准帮扶则是针对贫困地区和贫困群体贫困特征、致贫原因、家庭生计资本以及发展诉求等贫困群体基础条件制定切实可行的帮扶措施，帮扶手段的选择按照“实事求是、因地因户制宜、分类指导、精准扶贫”的工作方针进行；精准管理是指对贫困户、扶贫资金以及扶贫项目实施过程进行精准化、动态化管理，保证扶贫措施和帮扶项目有效执行下去，提高扶贫效率和效果；精准考核则是对贫困地区的扶贫开发现状、成效以及存在的问题进行精确考核，为后续调整和优化扶贫项目和模式提供理论支撑。综合来看，精准扶贫首先要精确锁定真正的扶贫对象，然后要有针对性地设计扶贫开发项目、制定扶贫开发措施，并在扶贫开发项目和措施实施过程中进行精确监管，对实施结果进行精准考核。

基于上述分析，本书借鉴王思铁对精准扶贫概念的诠释，将精准扶贫定义为：针对不同贫困区域环境、不同贫困户状况，运用合规有效程序对扶贫对象实施精确识别、精确帮扶、精确管理和精准考核的治贫方式。

2.1.3 产业精准扶贫

鉴于产业扶贫内涵研究的系统性不足和精准扶贫提出周期较短，研究层次较浅，产业精准扶贫相关问题的研究虽然已有部分学者涉猎，但产业精准扶贫内涵的研究尚为空白。笔者试图通过对当前产业精准扶贫相关文献进行梳理，归纳总结出产业精准扶贫内涵的核心构成要素。汪三贵（2016）认为产业扶贫开发工作的精准性突出表现在扶贫产业项目选择的精准性和产业发展帮扶措施设计的精准性两个方面。其中，扶贫产业项目的精准选择应充分考虑贫困地区的特点，在综合考虑贫困地区土地、劳动力、资源等生产要素的基础上展开；而产业发展帮扶措施的精确设计则应在充分考虑贫困对象的贫困属性、等级、形成原因以及现实需求的基础上，针对不同类型的贫困对象，制定不同的各具特色的产业帮扶措施，分类指导。同时，其在研究中也发现，特色产业发展帮扶措施的精确设计应充分凸显贫困农户的主体地位，根据贫困农户的生产困境、发展诉求等，确定其嵌入产业链条，对接产业的具体方式。此外，李霞指出，对于不同类型的贫困农户，因其生产困境、发展诉求不同，激发其内生动力的方式和途径也不同，为其提供的产业精准帮扶措施也应有所不同。刘建生等（2017）则在对比传统产业扶贫和产业精准扶贫区别和联系的基础上，梳理出产业发展帮扶措施精准性的关键衡量指标，具体为：①产业发展帮扶措施是否从农户角度出发，凸显农户的主体地位。②产业发展帮扶措施是否能够精准解决农户发展生产资金、技术、销售等相关问题，破解农户发展生产困境。③产业发展帮扶措施是否可以最大化满足贫困农户的发展诉求。④产业发展帮扶措施是否可以最大化发挥产业扶贫资金、土地、劳动力等生产要素的扶贫效率。

基于以上分析，本书结合产业扶贫和精准扶贫的概念，将产业精准扶贫定义为：综合考虑贫困地区市场需求、资源禀赋、环境容量、产业基础等基础条件，精确甄选贫困地区特色产业；精准识别农户，依据贫困农户贫困程度、贫困成因、发展诉求等构建贫困农户与扶贫产业对接方式，推动农户与特色扶贫产业精确匹配，实现农户增收和脱贫致富的过程。

2.1.4 产业精准扶贫模式

在对产业精准扶贫模式的内涵进行界定之前，首先应对产业扶贫模式的概念及构成要素要有一个清晰的把握。目前，国内外学者对于产业扶贫模式的概念并未给出精确的界定，但对于贫困地区产业扶贫模式归纳和总结的文献则较为丰富。如杨慧在《麻阳县农村产业扶贫模式研究》一文中指出，麻阳县农村主要的产业扶贫模式有："以奖代扶"和"股田制"相结合模式、"股份制"模式、"租赁制"模式、"公司+基地+农户"模式等。李志萌和张宜红（2016）在《革命老区产业扶贫模式、存在问题及破解路径》一文中将赣南革命老区的产业扶贫模式总结为："龙头企业+合作社（基地）+贫困农户"模式、"金融服务+"模式、"特色旅游+"模式、"互联网+"模式、"移民搬迁进城进园"模式五大产业扶贫模式。杨佩雨在《信阳市产业扶贫问题研究》一文中，归纳总结了信阳市现有的产业扶贫模式类型，指出信阳市产业扶贫过程中，形成的主要产业扶贫模式有"订单生产"模式、"反租倒包"模式、"农民专业合作社经营"模式以及"产业树"模式。

从上述学者归纳、总结的贫困地区的产业扶贫开发模式的特点来看，产业扶贫开发模式往往落脚在产业发展帮扶相关环节，一般可以理解为组织、引导贫困农户发展特色产业项目的相应的方式和方法。产业精准扶贫模式则为产业扶贫模式的精准化体现。因此，本书基于产业扶贫模式和产业精准扶贫的内涵，将产业精准扶贫模式定义为：在对贫困群体贫困特征、致贫原因、家庭生计资本以及自我发展诉求等基础条件精准识别的基础上，根据贫困农户贫困程度、致贫原因、家庭生计资本及发展诉求等，设计出来的推动农户与产业精准对接，实现农户与产业精准匹配，进而推动贫困农户发展特色优势产业，实现自身增收和脱贫致富的相应的方式和方法。同时，根据前文产业帮扶精准性的基本衡量标准，本书认为构建精准的产业扶贫开发模式，应始终坚持以下几个方面的准则：①产业精准扶贫模式设计应落脚到贫困农户，根据贫困农户贫困属性、等级、形成原因以及现实需求展开设计；②产业精准扶贫模式设计针对不同类型贫困对象，区别对待，不同类型贫困农户，产业精准扶贫模式往往不尽相同；③产业精准扶贫模式应能够精准破解贫困农户发展生产困境，激发贫困农户的主观能动性和最大化发挥产业扶贫资金、土地、劳动力等生产要素的扶贫作用。

2.2 理论基础

2.2.1 产业扶贫基础理论

产业扶贫的根本途径为通过引导贫困群体发展特色优势产业，推动贫困地区支柱性产业快速、有序发展，实现贫困群体充分就业和持续增收，以及贫困地区经济、社会高速发展。产业扶贫不仅有效解决了贫困群体就业机会欠缺和增收渠道匮乏的问题，通过贫困群体充分就业和持续稳定增收有效解决贫困群体人均收入水平过低、经济发展资本积累不足的问题，进而推动贫困地区和贫困群体跨越“恶性循环陷阱”。同时，依托贫困地区和贫困群体跨越经济“恶性循环陷阱”，实现贫困地区经济、社会快速发展，有效改善了贫困地区教育、医疗等公共服务水平，为贫困群体参加教育与业务培训，提升自身文化素质和工作技能，增强自身的抗风险能力和可持续发展能力提供了丰富的渠道和广阔的平台。基于此，本书认为产业扶贫的核心支撑理论主要为莱宾斯坦“临界最小努力”理论和阿马蒂亚·森“赋权”反贫困理论。

2.2.1.1 莱宾斯坦“临界最小努力”理论

“临界最小努力”理论（The Theory of Cirtical Minimum Effect）由美国经济学家哈维·莱宾斯坦（Harvey Leeibenstein）于1957年提出。该理论认为，发展中国家之所以长期处于贫困之中，一个非常重要的原因是贫困群体人均收入水平过低，贫困地区经济发展的资本积累处于严重不足的状态，无法形成经济腾飞的内在推动力，这就使贫困地区和贫困群体始终陷入“低水平均衡陷阱”和“贫困的恶性循环”之中。要改变这一局面，需要借助一定的推动力量，且这种推动力量需要足够大，才能打破贫困地区经济发展停滞的状态，也才能推动贫困地区和贫困群体顺利摆脱贫困的局面。这种打破贫困地区经济发展停滞状态的足够大的原始推动力量就是莱宾斯坦所谓的“临界最小努力”。要想使贫困地区获得打破经济停滞的“临界最小努力”，一个非常重要的途径是借助一定的方法和手段，提升贫困群体的人均纯收入水平，为贫困地区经济腾飞积累充足的资本。产业扶贫是以市场为导向，依托自身发展优势，大力发展特色优势支柱产业，提高贫困群体收入水平，增强贫困群体自我积累的过程。其可以有效提升贫困群体工资性收入、资产性收入以及经营性收入。贫困群体工资性收入、资产性收入以及经营性收入的提升，则显著增加贫困地区经济发展的资本积累，从而使贫困地区获得经济腾飞的内在推动力，进而实现贫困地区的经济可持续发展和贫困群体的持续增收，从而实现脱贫致富愿景。

综合来看，通过在贫困地区开展产业扶贫，使贫困群体发展当地特色优势产业，可以有效推动贫困地区特色优势产业和支柱性产业发展，以及贫困群体持续增收和资本持续积累，进而使贫困地区和贫困群体获得摆脱“恶性循环”的“临界最小努力”，从而实现贫困地区的经济发展和使贫困群体彻底摆脱贫困落后的局面。

2.2.1.2 阿马蒂亚·森“赋权”反贫困理论

阿马蒂亚·森“赋权”反贫困理论是对传统“收入”反贫困理论和“能力”反贫困理论的一种扩充和延伸，由阿马蒂亚·森在《以自由看待发展》一书中提出。该理论认为一个国家（地区）或者个人之所以长期处于贫困状态，除了物质资本的匮乏和人口健康、专业知识和技能等的缺失，使人们在生活中难以产生维持自身生存和促进自身发展所需要的内在动力和能力外，更多地表现为人们基本可行能力和机会被剥夺，致使贫困人口缺乏提升生活质量、改变自身命运的机会，进而陷入长期贫困的恶性循环中。如由于贫困群体发展机会的缺失，使得人们大量失业；由于人们享受医疗、教育机会和权利的缺失，造成贫困地区贫困人口过早的死亡、严重的营养不良、长期流行性疾病和大量的文盲等。因此，要想使贫困群体彻底摆脱上述尴尬的境地，一个关键的途径是为贫困群体提供改变自身“命运”的权利和机会。通过产业扶贫，有效破解贫困农户发展生产中的困境，组织和引导贫困群体大力发展特色优势产业和支柱性产业，一方面可以为贫困群体提供充足的就业岗位和广泛的发展空间，实现贫困群体充分就业，并通过贫困群体充分就业（创业）带动贫困群体持续增收、生产生活质量显著提升以及抵御风险的能力的显著增强；另一方面可以有效推动贫困地区经济社会发展，使贫困地区的医疗、教育等软硬件基础设施得到有效改善，从而为贫困群体提供完备的医疗和教育等公共服务，显著提升贫困群体的健康、技能、知识和能力，进而增强贫困群体的市场竞争力和可持续生计能力，使贫困群体彻底摆脱贫困。

综合来看，通过在贫困地区开展产业扶贫，可以为贫困群体提供充足的就业（创业）、医疗保健、职业培训与教育培训的机会和权利，有效解决贫困群体因权利缺失而长期陷入贫困的局面。

2.2.2 产业精准扶贫模式构建基础理论

产业精准扶贫模式是将精准扶贫理念与产业扶贫模式设计相结合，依据贫困群体贫困程度与特征、致贫原因、家庭生计资本、发展诉求等基础条件，精确设计与贫困群体基础条件相匹配、扶贫带动能力强的产业扶贫开发模式类型。产业精准扶贫模式的设计关键是实现产业扶贫到户，有效解决贫困群体发展生产面临的资金、技术、市场、劳动力短缺的相关问题以及最大限度发挥贫困农户生产要素资源的扶贫溢出效应。精准扶贫理念和“参与式”发展理论在产业扶贫模式设计中的应用则可以极大地提升产业扶贫模式构建的精准性。因此，笔者认为精准扶贫理念以及“参与式”发展理论是产业精准扶贫模式构建的重要支撑理论。

2.2.2.1 精准扶贫理念

前文已对精准扶贫理念的概念和精准扶贫的构成要素进行了较为系统的研究和梳理，精准扶贫理念的内容主要包括精准识别、精准帮扶、精准管理和精准考核四个部分。首先，精准识别是精准扶贫的前提和基础。对于贫困群体精准识别：①应按照“县为单位、规模控制、分级负责、精准识别、动态管理”的原则展开；②对贫困群体的精准识别应具有一定的科学、合规的程序和手段。如目前贫困地区普遍采用的“群体评议、入户调查、公示公告、抽查检验、信息录入、动态管理”的精准识别程序则可以有效提高贫困群体识别的精准度，将真正贫困的群体精确地识别出来。其次，精准帮扶是精准扶贫的核心。精准帮扶突出体现在针对贫困地区和贫困群体贫困特征和致贫原因，制定切实可行的帮扶措施。目前，对贫困群体进行精准帮扶，主要从以下三个方面展开：①坚持“实事求是、因户制宜、分类指导、精准扶贫”的工作方针，确保帮扶措施和效果落实到户、到人。②坚持按照贫困群体基础条件施策。通过对贫困群体进行调查，在全面了解和准确把握贫困群体致贫原因和自身基础条件的基础上，依据贫困群体基础条件制定扶贫措施，宜农则农、宜工则工、宜商则商、宜游则游，切实帮助贫困群体发展商品经济，增加收入，实现脱贫致富。③在扶贫资金的发放过程中，应坚持扶贫资金专款专用，落实到贫困户。同时扶贫资金发放形式应坚持灵活多样的准则，切实提升扶贫资金的使用效率和效果。再次，精准管理是精准扶贫的重要保障。对贫困地区和贫困群体扶贫开发过程进行精准管理可以有效保证扶贫措施和帮扶项目顺利、有效地执行下去，提高扶贫开发的质量。对扶贫开发过程进行精准管理应重点关注以下三个方面的内容：①应建立贫困户信息网络系统，对贫困户信息进行精准化和动态化管理；②应建立并完善扶贫资金管理体制，保证扶贫资金阳光化操作，消除扶贫过程中的暗箱操作现象；③应进一步明确省、市、县各级政府和扶贫部门的扶贫职责和任务，依据各级政府事权推进扶贫工作顺利、有序进行。最后，精准考核也是精准扶贫的一项重要组成内容。通过对贫困地区扶贫开发的过程和结果进行精准考核，可以准确了解当前贫困地区扶贫开发的现状、成效以及扶贫过程存在的主要问题，为后续重新精确甄选扶贫项目、设计扶贫模式提供重要的理论支撑。对于贫困地区扶贫工作的考核，应尽可能量化，通过构建可量化的扶贫考核评价指标和指标体系，采用科学、合理的测评方法进行测评。

精准扶贫理念是产业精准扶贫模式设计的核心指导理论。对产业扶贫模式进行精准化设计，首先要对产业扶贫的目标群体的贫困特征、致贫原因、家庭资源禀赋和发展诉求等基础条件进行精准识别；其次应根据贫困群体的基础条件，有针对性地构建产业扶贫模式，使产业扶贫模式可以最大限度地发挥扶贫的作用；最后对产业扶贫模式的运行过程和结果进行精准化的管理和考核，精确掌握产业扶贫模式的运行现状、扶贫成效及存在的问题，以此为依据对产业扶贫模式进行及时的调整和修正，最大限度提升产业扶贫模式的精准性，发挥产业扶贫项目的扶贫带动作用。

2.2.2.2 “参与式”发展理论

“参与式”发展是人们在对传统发展模式进行系统反思的基础上提出的。最早由美国康奈尔大学教授 Norman Uphoff 于 20 世纪 40 年代末期提出。其指出发展对象不仅要执行发展，更重要的是要作为受益方参与到发展的检测和评价当中。随后，“参与式”发展理念的内涵和外延在 20 世纪 60 年代得到了突破性的完善和发展，逐步形成了相对统一的“参与式”发展的概念。“参与式”发展普遍被理解为：目标群体在发展的过程中行使自己的知情权、表达权、监督权、决策权以及收益权，参与到发展项目的识别、可行性研究、项目设计、实施和项目检测以及项目评估的整个流程当中，对发展项目的全部过程进行决策和干预，使项目的发展方向与自身的内在需求和基本利益相一致。“参与式”发展理论于 20 世纪 80 年代早期传播到东南亚和非洲等国家，并得到进一步推广和完善。中国农业大学李小云教授则将“参与式”发展理论借鉴性地引入中国，开展农村发展、自然资源管理、小额信贷、小流域治理、教育等多个领域的研究，并与我国基本国情相结合形成了一种适合我国基本国情的本土化的“参与式”发展方法和范式。

“参与式”发展理论在我国扶贫开发实践中的应用始于我国“政府主导、多部门参与”型扶贫制度和政策实践过程中扶贫开发效率不高、扶贫效果不明显等问题逐步显现。为了适应反贫困新形势的需要，应对现行反贫困制度进行彻底改革和创新，进一步建立与新时期贫困特征相匹配的新的反贫困制度体系。具体来说，首先应打破单一依靠行政组织扶贫的格局，充分利用政府机制、社会机制和市场机制，吸纳一切可利用资源投入反贫困当中，解决政府反贫困投入不足的问题；其次应通过严格的组织和制度约束，规范反贫困参与各方的责、权、利和行为，达到合理分工，优势互补；最后应提供给贫困人口和基层组织参与反贫困的机会，提高他们的参与能力，充分发挥他们自身反贫困的主动性和创造性，从根本上消除贫困。至此，“参与式”发展理论及其应用方法和范式被我国扶贫相关部门高度关注和广泛采用，发展为“参与式”扶贫。

“参与式”扶贫是指政府通过投入一定数量的资金，以贫困村为平台，为贫困农户创造表达意愿的机会，赋予贫困农户知情权和监督权，并激发他们的参与意愿，发动贫困群体参与到扶贫政策的决策、实施和监督过程中，从而提高贫困群体的自主脱贫和自我发展能力，从根本上解决贫困问题。“参与式”扶贫与传统扶贫相比具有得天独厚的优势，它可以使公众介入扶贫项目和模式的决策、实施、监督过程当中，提高扶贫行为的可持续性，使扶贫行为的目标瞄向更为精确、贫困群体参与扶贫工作的积极性和主动性更高，扶贫资金的中间渗漏也得到一定程度的控制。是一种“以人为本”的扶贫开发模式。

本书在对新疆连片特困区产业扶贫模式进行精准优化和构建的过程中，也引入“参与式”扶贫的相关理论。将贫困群体、基层扶贫部门、扶贫专家等扶贫开发的相关主体均引入新疆连片特困区产业精准扶贫模式的构建当中，以提高产业扶贫模式的精准度和可行性。

2.3 研究范围界定

2.3.1 新疆连片特困区范围界定

在本书的研究过程中将新疆连片特困区的具体范围界定为新疆南疆三地

州①。与此同时，鉴于三地州的贫困人口主要集中在广大的农村地区，本书对三地州贫困和反贫困相关问题的研究主要锁定在三地州农村地区和农村贫困农牧民贫困相关问题，产业扶贫模式相关问题的研究也重点针对三地州农村地区和贫困农牧民的产业扶贫模式。南疆三地州位于塔克拉玛干沙漠的西南边缘，是喀什、和田和克孜勒苏柯尔克孜自治州（以下简称克州）的总称，下设24个行政县市，与印度、巴基斯坦、阿富汗、吉尔吉斯斯坦和塔吉克斯坦五个国家接壤。境内有维吾尔族、柯尔克孜族、塔吉克族、汉族等18个民族，是新疆少数民族最为集中的地区。由于南疆三地州地理位置偏远，生存环境恶劣，经济结构单一，是集边境、民族、高原、荒漠于一体的集中连片特殊困难地区，长期陷入"环境脆弱—贫困—资源掠夺—环境退化—人口激增—进一步贫困"的"贫困—人口—环境"的PPE怪圈，是我国14个集中连片特困区之一，同时也是新疆乃至全国"十三五"期间扶贫攻坚的主战场。当前，南疆三地州所辖24个县（市）中，19个县（市）为国家级扶贫开发重点县（市），5个县（市）为扶贫开发工作比照县（市），贫困村庄数达到2710个，占全疆贫困村总数的70.04%；扶贫开发对象总人口数为218.61万人，占全疆贫困人口总数的68.61%。同时，还有超过20万贫困人口分布在生存环境极其恶劣、基础设施极其落后、发展水平极其低下的深山区、边境线。南疆三地州贫困县（市）、贫困村、贫困人口分布情况如表2-1所示。

表2-1　南疆三地州贫困县（市）、贫困村、贫困人口分布

地州	扶贫开发重点县（个）	扶贫开发重点村（个）	贫困人口数（万人）
喀什	12	1222	105.59
和田	8	1296	92.4
克州	4	192	20.62
南疆三地州	24	2710	218.61

注：扶贫开发重点县（市）数包含五个比照国家扶贫开发工作重点县（市）和三个自治区确定的重点县。

资料来源：由喀什、和田、克州"十二五"扶贫开发工作总结整理所得。

① 虽然，近两年新疆在制定扶贫开发规划时，将阿克苏地区也纳入新疆连片特困区整体性扶贫开发范畴，但为了保证前后研究的一致性，本书依然采用《中国农村扶贫开发纲要（2011—2020年）》中对集中连片特困区的划分，新疆连片特困区特指包括喀什、和田和克州三个地区的南疆三地州地区。

2.3.2 新疆连片特困区产业扶贫模式涉及扶贫产业范围界定

在系统剖析新疆连片特困区现有产业扶贫模式相关问题之前，需对新疆连片特困区当前重点推行的产业扶贫项目类型有一个清晰的认识和全面的把握。根据三地州2016年部分县市产业扶贫项目规划（见附表1）①，当前三地州的产业扶贫工作依然重点围绕农业、民族手工业等相关领域展开，按照“减棉、稳粮、兴果、扩棚”的原则，推动贫困地区大力发展红枣、核桃、巴旦木等特色种植业，牛、羊、鸡、鸽子等特色养殖业，以及少数民族地毯、乐器、手工艺品等民族特色手工业。对于当前内地部分贫困地区如火如荼开展的乡村旅游扶贫产业项目，笔者在调研中发现南疆三地州贫困地区虽然具备丰富的民族文化旅游资源和自然风光旅游资源，但就目前南疆三地州贫困地区的社会环境来看，其维稳形势依然相当严峻，为贫困地区吸引游客带来诸多不利的影响，严重制约了南疆三地州贫困地区乡村旅游的发展。因此，对于乡村旅游扶贫，虽然南疆三地州部分贫困乡村初步进行了一些尝试，但综合来看，尚不多见，同时也未形成规模，对贫困农牧民的覆盖程度非常有限。因此，依托乡村旅游扶贫产业项目形成的产业扶贫开发模式不作为本书的研究重点。本书对于新疆连片特困区产业扶贫模式相关问题的研究，重点研究南疆三地州贫困地区扶贫开发部门在针对贫困农牧民推行特色种植扶贫项目、特色养殖扶贫项目以及民族特色手工业扶贫项目而设计和推出的产业扶贫开发模式。

2.4 本章小结

本章首先对产业扶贫、精准扶贫、产业精准扶贫、产业精准扶贫模式等核心概念进行界定；其次对莱宾斯坦“临界最小努力”的理论、阿马蒂亚·森“赋权”反贫困理论等产业扶贫相关指导理论和精准扶贫理念、“参与式”发展理论等产业精准扶贫模式构建相关指导理论进行全面、系统阐述；最后对新疆连片特困区的范围和新疆连片特困区扶贫产业项目研究范围进行界定。本书认为产业扶

① 由于调研的限制，笔者仅获取南疆三地州13个县市2016年产业扶贫项目规划，但其已经占南疆三地州全部县市的一半以上。因此通过对南疆三地州13个县市2016年产业扶贫项目规划的梳理，也可以较好地归纳出目前南疆三地州产业扶贫工作中扶贫产业的重点方向。

贫的核心是通过组织、引导贫困群体发展相关特色产业进行扶贫，既可以解决贫困群体就业问题，增加贫困群体收入，为贫困地区发展提供内在动力，又可以改善教育、医疗等公共服务，破解贫困群体基本可行能力欠缺的贫困。但是产业扶贫模式设计必须依据精准扶贫理念，通过扶贫主客体充分参与才能最大限度保证扶贫模式的精准性，从而最大化发挥其扶贫效果。南疆三地州作为新疆的连片特困区和扶贫主战场，急需构建精准的产业扶贫模式来推动产业扶贫工作的有序开展，帮助贫困群体摆脱长期贫困的局面。本章是整篇论文的理论基础，为后文研究新疆连片特困区产业扶贫模式相关问题提供科学的理论支撑。

第3章　新疆连片特困区产业扶贫状况

3.1　新疆连片特困区产业扶贫历程梳理

我国政府有组织、有计划地在农村地区开展大规模的扶贫开发工作，始于改革开放之后。伴随着扶贫开发内容和形式的动态变化，我国的扶贫开发工作也呈现出阶段性的特点。本书根据三地州扶贫开发基本内容和主要扶贫方式的差异，将新疆连片特困区扶贫开发工作依次划分为“体制改革推动”扶贫阶段、“农村大规模开发式”扶贫阶段、“解决和巩固温饱并重”扶贫阶段以及“全面脱贫和决胜小康”扶贫四个阶段。同时，根据各扶贫开发阶段产业扶贫承担的角色、作用和表现形式的差异，对三地州各扶贫开发阶段产业扶贫状况进行梳理和归纳。

3.1.1　体制改革推动扶贫阶段的产业扶贫（1978～1985年）

新疆三地州体制改革扶贫与全国同步，开始于1978年的党的十三届五中全会。1978年，依据国家贫困标准，三地州农村贫困人口占三地州农村总人口的58.36%，远远高于30.7%的全国平均水平。农业经营体制与农村劳动力发展需求不匹配，生产及经营管理制度和生产方式落后，无法有效地发挥农业生产资料和农村资源应有价值，并束缚农村劳动力投入积极性，造成农村劳动力生产积极性不高和劳动生产率低下是造成农村劳动力普遍贫困的最根本原因。为了有效解放和发展农村生产力，调动农民群众生产积极性，促进农村经济快速发展。三地州政府一方面致力于农村土地经济制度改革，推行家庭承包经营制度替代人民公社集体经营制度，使农民获得土地经营权，激发农民劳动热情和生产积极性，有效解放生产力，最大限度地发挥农村土地资源和劳动力资源优势，增加农产品产量，提升土地产出效率；另一方面在农村地区推行多种经营，大力发展乡镇企业，推动农业产业结构向附加值更高的产业转化，以及引导农村劳动力向非农产业转移。

本阶段的扶贫开发工作主要以推动农业经济体制改革为主线，产业扶贫并未被明确提出。但无论是改革土地经济制度，还是大力发展乡镇企业，抑或推动农业产业结构向附加值更高的产业转化，其最终目的都是推动贫困农户高效地发展生产，通过发展生产，提升农产品产量和质量来实现贫困群体的脱贫致富。该阶段虽未明确提出产业扶贫的概念，但该阶段扶贫开发的相应方式和做法或多或少都映射出产业扶贫的影子。

3.1.2　大规模农村开发式扶贫阶段的产业扶贫（1986~2000年）

1986年制定国家经济"'七五'（1986~1990年）发展计划"，成立国务院扶贫开发领导小组，确立592个贫困县，安排专项扶贫资金；1994年制定和实施《国家八七扶贫攻坚计划》，集中人力、物力、财力，大力解决农村贫困人口的温饱问题，标志着国家主导的农村开发式扶贫工作的正式展开。新疆维吾尔自治区党委、人民政府积极响应和贯彻国家"开发式"扶贫工作方针，研究并制定《自治区百万人温饱工程计划》，在全疆范围内开展"开发式"扶贫工作。自此三地州扶贫开发工作也进入政府主导的"开发式"扶贫阶段。

农村"开发式"扶贫的核心是利用贫困地区的自然资源，进行开发式生产建设，发展商品经济，逐步形成贫困地区和贫困农户自我积累和发展的能力。以产业发展为杠杆的产业扶贫，作为一种内生性发展机制，根植发展基因，激活发展动力，与"开发式"扶贫工作方式无缝对接。大力发展特色产业，通过产业发展带动贫困农户增收和脱贫致富成为三地州"开发式"扶贫的重要构成部分。三地州各级政府依照"依靠大农业脱贫，依靠大农业致富"的扶贫开发战略，大力发展适合区域资源特点的高产优质高效农业，提出在农牧区逐步形成"户均建有一亩稳产基本良田、一亩经济作物、一亩林果园，5~10头牲畜；牧区实行定居、半定居，人均有10~20头牲畜，有基本饲草饲料基地；每个农户或牧户转移出一个劳动力从事非农产业"的产业扶贫开发工作方针政策。除此之外，三地州各级政府还大力支持贫困地区基础设施建设，修建扶贫公路，增加邮电设施，增加电力供应能力和覆盖范围，切实改善农牧业生产条件。

综合来看，本阶段是产业扶贫这一扶贫方式逐步形成阶段，产业扶贫的重点是推动贫困地区发展特色优势产业，通过发展优势特色产业来带动贫困农户增收和脱贫致富。此阶段产业扶贫主要落脚在以县域为主的大农业，即以县域为基本单位，通过培育县域优势产业和主导产业，推行县域整体脱贫。

3.1.3 解决和巩固温饱并重扶贫阶段的产业扶贫（2001~2014年）

伴随着国家“八七”扶贫攻坚计划的如期实现，贫困人口温饱问题得到基本解决。进入21世纪，党中央、国务院从全面建设小康社会，加快推进社会主义现代化建设的战略出发，在认真评估我国新时期、新阶段农村贫困状况和扶贫开发工作新任务后，于2001年5月制定并颁布了《中国农村扶贫开发纲要(2001—2010年)》。新疆与全国一道进入推进农牧区贫困人口稳定解决温饱，实现小康的“解决与巩固温饱”并重扶贫开发的新的历史阶段。

三地州作为“解决和巩固温饱”并重扶贫开发阶段的主战场，三地州政府根据自身实际情况和发展特点，结合《中国农村扶贫开发纲要（2001—2010年)》的扶贫战略，提出了“区域发展、产业支撑、素质提高、条件改善、发挥主体作用”的扶贫开发新思路，形成了“划分区域、分类扶持、整村推进、巩固提高、完善机制”的扶贫开发工作方针，以巩固前几期温饱成果和推动区域进一步开发。在具体扶贫开发操作方式上，一方面改变了原有的瞄准机制，扶贫瞄准对象由贫困县转变为贫困村，形成了以村级规划为基础的扶贫开发新思路；另一方面在全区范围内形成了整村推进、劳动力转移培训、生态搬迁、产业扶贫的“多元化”的扶贫开发新局面。

产业扶贫作为三地州“一体两翼”扶贫开发战略的“一翼”，被三地州扶贫部门视为进一步解决辖区44万特困人口温饱问题和推动初步解决温饱问题，但尚不稳固的、低收入贫困人口进一步增收的重要工具。南疆三地州各级政府一方面立足于本辖区资源优势和市场需求，有针对性地安排产业扶贫项目，并依照连片规划建设的思路大力发展具有竞争优势的主导产业和区域特色产业，逐步形成规模效益和效益覆盖；另一方面大力培育和壮大扶贫龙头企业，引导和鼓励具有市场拓展能力的扶贫龙头企业到农村贫困地区建立原材料生产基地，为贫困农户提供产前、产中、产后系列化服务，与农户建立“风险共担、利益共享”的合作机制，大力推进“订单农业、合同农业”等。此外，建立健全扶贫龙头企业联络机制，创建企业与政府之间的交流平台，实现龙头企业参与扶贫开发的“双赢”模式，推动产业化扶贫发展。

本阶段产业扶贫开发工作日益成熟，除了重视贫困地区产业项目选择和布局外，更将产业扶贫开发工作的重点转移到如何有效推动产业发展，最大限度激发产业对贫困群体增收和脱贫致富的带动作用上。相应提出了产业化扶贫的概念，即通过农业产业化经营来开展产业扶贫开发工作。但综合来看，该阶段的产业扶贫开发工作，在产业扶贫项目的选择和布局上依然以县域为基本单位，即在县域维度大力培育主导产业和特色产业；而在农户产业发展方式的设计上，也普遍以村为基本单位，较少考虑村中农户之间的个体差异。与此同时，在产业项目选择和产业发展方式设计方面，一般由扶贫部门来决策，贫困农户往往被排除在外，以被动接受的方式参与到产业扶贫开发相关活动当中，这就极大地削弱了贫困群体参与产业扶贫的积极性，也严重影响了产业扶贫开发的效果。

3.1.4 全面脱贫与决胜小康阶段的产业扶贫（2015年至今）

经过改革开放40年各族人民共同努力，我国成功走出一条中国特色扶贫开发道路，顺利完成全国7亿多农村贫困人口的脱贫任务。为了尽快、尽早地解决我国余留的7000万农村贫困人口的贫困问题，确保到2020年所有贫困地区和贫困人口一道迈入全面小康社会。中央以2015年11月中共中央扶贫开发工作会议为契机，确立到2020年实现农村贫困人口全面脱贫，打赢扶贫攻坚战的伟大扶贫战略目标。至此，我国扶贫开发工作进入全面脱贫攻坚阶段。

为了顺利打赢扶贫攻坚战，确保到2020年实现农村贫困人口全面脱贫，我国扶贫开发部门先后提出了坚持党的领导，夯实组织基础；坚持政府主导，增强社会合力；坚持精准扶贫，提高扶贫成效；坚持保护生态，实现绿色发展；坚持群众主体，激发内生动力；坚持因地制宜，创新体制机制的扶贫开发指导原则，确立了“发展生产脱贫一批、易地扶贫搬迁脱贫一批、生态补偿脱贫一批、发展教育脱贫一批、社会保障兜底一批”的“五个一批”扶贫开发方针。

在“五个一批”扶贫开发方针中，产业扶贫涉及的贫困群体最多，覆盖的范围最广，是扶贫攻坚的核心，也是精准扶贫的“发动机”。各地区扶贫开发部门均积极出台专项政策，统筹使用涉农资金，重点扶持贫困村、贫困户因地制宜发展特色种养业和传统手工业，大力开展产业扶贫开发工作。三地州贫困地区也与全国、新疆维吾尔自治区一样，积极推进本辖区的产业扶贫开发工作，科学规划产业扶贫重点，合理调整产业结构，优化产业扶贫内容，千方百计地推动富民产业的兴起。

在特色扶贫产业选择方面，坚持以市场为导向，以经济效益为中心，选好产业项目，坚持“一村一品”，重点扶持村级特色优势产业发展，努力做到户户有项目，村村有产业；从贫困村、贫困户的实际出发，从发展产业、完善基础设施等方面考虑，从群众反映最多、最急需解决的问题入手，研究制定贫困村、贫困户产业发展规划和年度计划，建好扶贫项目库，每年整合资金有计划地推进一批产业项目。在产业项目发展帮扶方面，加大产业扶贫项目帮扶力度，要根据实际情况适当放低补贴门槛，注重采取以奖代补、提供种苗、小额贷款、信息技术服务等方式，有针对性地扶持贫困群众，使其能直接参与当地特色优势产业项目，从而直接受益，实现稳定增收。同时，着力推进土地流转，促进规模经营，扶持扶贫带动能力强的龙头企业、农民合作社、家庭农场和专业大户等，培育新型农村经营主体，不断增强其辐射带动能力。要积极引导贫困户以土地、林地承包经营权、劳动力等要素入股，提高贫困户产业发展参与度和受益度，增加租金、股息、红利等财产性收入。

本阶段的产业扶贫是产业扶贫开发工作逐步精准化和产业扶贫政策体系逐步完备的阶段，产业扶贫项目选择由原来的以县域为基准单位逐步转化为以村为基准单位，同时在产业扶贫项目甄选过程中，充分考虑贫困村庄的基础条件和贫困农户的基本特点。产业扶贫项目实施帮扶措施的设计也逐步由村为主体向以农户为主体过渡，根据农户的基本特点和发展诉求来设计产业扶贫项目实施的帮扶措施。

3.2 新疆连片特困区产业扶贫现状

前文的研究结果表明，三地州产业扶贫开发工作先后经历了“体制改革推动”阶段、“农村大规模开发式扶贫”阶段、“解决和巩固温饱并重”阶段以及“全面脱贫与决胜小康”阶段。调研中也发现，目前三地州贫困地区在推动本辖区扶贫开发的进程中，高度重视产业扶贫作用，并在产业扶贫各方面做了大量的工作。接下来，本书拟从产业扶贫组织体系建设、产业扶贫政策制定与实施、产业扶贫资金投入以及产业扶贫其他相关工作四个维度对目前三地州产业扶贫开发工作状况进行梳理和总结。

3.2.1 产业扶贫组织体系建设

科学、完备的产业扶贫组织体系是保障产业扶贫开发工作得以顺利开展的前提和保障。三地州在推动本辖区产业扶贫开发工作的进程中，积极推进本辖区产业扶贫开发组织建设和机构设置。在扶贫政府部门组织架构建设方面，三地州各贫困县市均设立产业扶贫委员会，统筹辖区的产业扶贫开发工作。乡镇设立产业扶贫领导小组、设置产业扶贫专干行政岗位，村庄推动村委会与“访汇聚”工作组共同组建产业扶贫工作执行小组，落实和开展产业扶贫相关的具体工作。在产业扶贫其他参与主体组织和建设方面，首先，紧紧抓住19个省（市）的对口援疆机遇，依托对口援疆省（市）的资金、人才、技术、市场等方面的资源和优势，引导其参与到三地州贫困地区产业扶贫开发工作当中；其次，高度重视龙头企业、合作社、大户、能人等新型农村经营主体对贫困农户发展产业和增收的带动作用，推动龙头企业、合作社、大户、能人等新型农村经营主体与贫困农户开展合作，建立利益联结机制，依托农村新型经营主体对贫困农户的带动功能，推动贫困农户发展特色扶贫产业项目，实现产业扶贫和产业脱贫；再次，广泛利用金融机构、非政府组织、扶贫国际机构等的扶贫资源，积极与金融机构、世界银行、粮农组织、非政府组织、社会福利机构等社会组织和国际机构开展产业扶贫合作，引导和组织金融机构、世界银行、粮农组织、非政府组织、社会福利机构等社会组织和国际机构参与到三地州贫困地区的产业扶贫开发工作当中；最后，充分发挥贫困农户的主观能动性，在三地州产业扶贫开发进程中，将贫困农户也纳入产业扶贫开发决策、实施、监管、考核等相关环节，推动贫困农户由单纯的扶贫接受主体向参与主体的转变。综合来看，当前三地州贫困地区产业扶贫开发工作逐步形成了政府部门主导、对口援疆省区、农村新型经营主体、金融机构、社会组织、国际扶贫机构以及贫困农户广泛参与的产业扶贫开发工作组织体系（见图3-1）。

3.2.2 产业扶贫政策制定与实施

科学、完善的产业扶贫开发政策和制度是产业扶贫开发工作得以顺利开展的重要保障。三地州贫困地区在推行本辖区产业扶贫开发工作的过程中，制定了一系列产业扶贫开发相关的政策、制度与规划，如《南疆三地州片区区域发展与扶贫攻坚规划》《喀什扶贫开发规划》《和田扶贫开发规划》《克孜勒苏柯尔克孜自治州扶贫开发规划》等。同时，近两年伴随着精准扶贫理念在南疆三地州扶贫开发工作中的全面推广和逐步深入，三地州扶贫开发部门在严格遵循精准扶贫“五个一批”扶贫开发工作方针的基础上，制定了一系列产业扶贫项目甄选和实施的规章制度和指导方针。

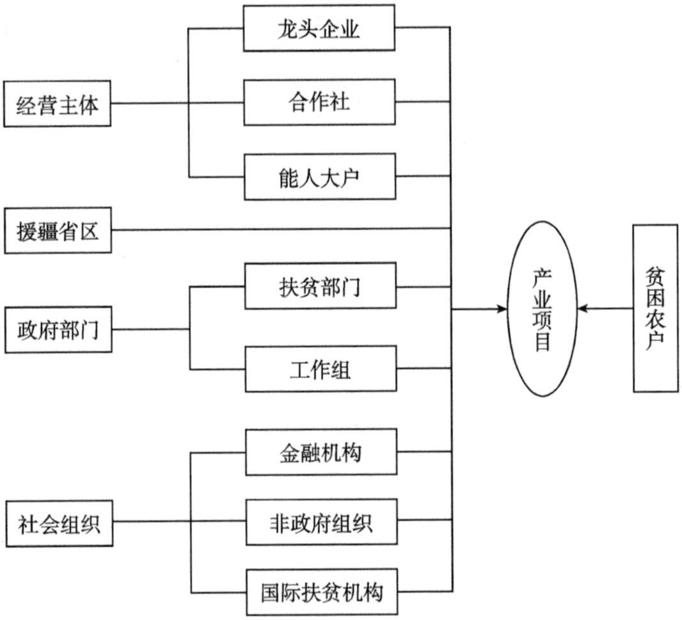

图 3-1　三地州产业扶贫组织建设

在产业扶贫项目甄选方面，三地州各贫困县纷纷依照《中共中央国务院关于加快发展现代农业进一步增强农村发展活力的若干意见》《关于集中连片特殊困难地区产业扶贫规划编制工作的指导意见》《中共中央　国务院关于打赢脱贫攻坚战的决定》《中国农村扶贫开发纲要（2011—2020 年）》以及《贫困地区发展特色产业促进精准脱贫指导意见》等相关文件要求，结合自身特点制定产业扶贫项目甄选指导方针，编制县域产业精准扶贫规划，制定了“一品为主、多品共荣、一户一业”的产业扶贫项目甄选方针，确立了依托贫困地区“资源优势、区域特点、产业基础、市场空间以及贫困群体的基础条件”的产业扶贫项目甄选原则，设计了“乡政府组织、村委会申报、县扶贫部门审批”的产业扶贫项目甄选程序。

在产业扶贫项目实施方面，三地州各级政府紧抓“扶贫效益到户”这一扶贫开发工作指导方针，结合《国家扶贫资金管理办法》《中国农村扶贫开发纲要（2011—2020 年）》《关于创新机制扎实推进农村扶贫开发工作的意见》等相关政策文件的要求，积极创新产业扶贫项目实施方式，并出台一系列规章制度予以规范，先后制定并实施了《产业扶贫项目实施管理办法》《产业扶贫资金使用管理办法》《产业扶贫项目实施指导方针》等产业扶贫项目实施政策方针，提出了以种养大户、家庭农场、专业合作社、龙头企业等农村新型经营主体为依托，贫困户与农村新型经营主体通过合作，建立紧密的利益联结机制，形成利益共同体，由种养大户、家庭农场、专业合作社、龙头企业等农村新型经营主体带动贫困农户发展生产、实现脱贫致富愿景的产业扶贫项目实施的新思路、新模式。

3.2.3 产业扶贫资金投入

产业扶贫资金持续、足量的投入是产业扶贫开发工作得以顺利开展的关键和重要基础。一般认为，只有具备了充足的产业扶贫资金作为支撑，产业扶贫开发工作才能有条不紊地开展下去，产业扶贫的成效也才能得到最大限度的发挥。三地州各贫困县（市）为了使辖区产业扶贫开发工作顺利进行，在产业扶贫开发的过程中投入了大量的产业扶贫资金①。根据《新疆调查年鉴》统计数据和三地州扶贫办调研结果，2015 年，三地州共投入产业扶贫资金 3246.08 万元，与 2005 年相比，10 年内增长了接近 7 倍。从产业扶贫资金的具体投向来看，当前三地州扶贫部门在贫困地区开展产业扶贫开发工作的过程中，依然以组织和引导贫困地区贫困农户发展特色种植业和特色养殖业为主。2015 年，三地州产业扶贫资金投放于农业、林业和养殖业的扶贫资金分别达到 714.44 万元、368.79 万元和 1509.22 万元，与 2005 年相比则分别增长了 1.56 倍、18.25 倍和 8.13 倍。除此之外，近年来三地州在推进辖区产业扶贫开发工作的过程中，意识到农产品加工业对拓展贫困农户产品销售渠道，破解贫困农户产品销售困境，以及民族手工业对贫困农户增收的带动作用显著的基础上，逐步加大农产品加工业和民族手工业等相关产业的扶贫资金投入力度。如 2005 年，三地州农产品加工业产业扶贫资金投入仅 8 万元，到 2015 年则增长到了 80.25 万元，10 年内增长了超过 10 倍。而以民族手工业为核心主体的其他生产性行业的扶贫资金投入增加状况则更为明显，其他生产性行业的产业扶贫资金由 2005 年的 15.40 万元，增长到 2015 年的 573.38 万元，增长幅度超过 30 倍。三地州产业扶贫资金投入规模及投入方向的具体情况如图 3－2 所示。

---

① 本次调研的产业扶贫资金主要指中央和地方的产业扶贫财政资金、对口援疆扶贫资金。对于非政府组织和国际机构投入的扶贫资金以及农村能人、大户、合作经济组织、龙头企业等带动贫困农户发展生产中投入的扶贫资金，由于缺少系统的统计，故无法获得。但仅通过中央和地方的产业扶贫财政资金、对口援疆扶贫资金投入的增加，也能很好地说明当前三地州扶贫部门对产业扶贫开发工作的重视。比较遗憾的是，本次调研只获得了 2011～2015 年的产业扶贫资金投入情况。

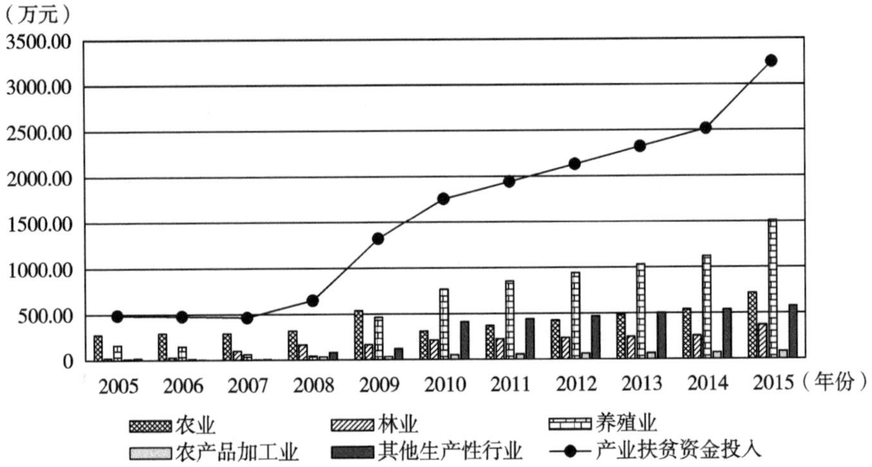

图 3－2 南疆三地州产业扶贫资金投入状况

资料来源：2005～2010 年数据为《新疆调查年鉴》数据整理所得，2011～2015 年数据为南疆三地州各扶贫办调查数据整理所得。

3.2.4 产业扶贫其他相关工作

产业扶贫其他相关工作是指该项工作并不仅只针对产业扶贫，但同时也对产业扶贫开发工作的顺利开展提供了坚实的保障。本书关于产业扶贫其他相关工作的研究，着重从贫困农牧民职业技能培训和贫困地区基础设施建设两个维度进行梳理。

3.2.4.1 贫困农牧民职业技能培训

提升贫困群体的生产经营技能，增强贫困群体产业扶贫参与能力，是保证贫困群体顺利参与特色产业发展链条当中，最大限度发挥产业扶贫工作的扶贫带动功能，有效提升产业扶贫成效的重要保障。三地州贫困地区扶贫开发部门在向贫困群体推行产业扶贫项目的同时，高度重视贫困群体的产业扶贫参与能力，针对贫困群体特点，大力开展职业技能和经营管理知识培训。具体来说，三地州各县市扶贫开发部门紧紧围绕《中国农村扶贫开发纲要（2010—2020 年）》的工作目标、任务，利用大中专院校、中等专业学校、农广校、成人职业学校、劳动就业培训中心以及农村夜校等教育培训组织和社会培训机构资源，针对农村劳动力有计划、有组织地开展通用语言、特色种植、特色养殖、农业经营管理、农产品销售等方面的职业技能和经营管理知识培训。当前，南疆三地州先后建成中等职业技术学校48所，农村劳动力培训基地百余处，乡镇实现了农村劳动力培训学校100%覆盖，村庄均设立农村夜校，各类农牧民职业技能培训教师达到万余人。同时，相关资料表明，目前三地州农牧民中，曾受过技能培训人数比重达到84.6%。仅喀什地区2017年1~10月，就先后开展农业技能培训百余次，农村参与培训人员达到6.3万余人。

3.2.4.2 基础设施建设

基础设施的完备与否也极大地影响了产业扶贫工作的成效。三地州贫困地区在产业扶贫的进程中，也高度重视贫困地区基础设施建设，有效提升贫困地区基础设施的完备性。

在交通基础设施建设方面，依照“规划先行、适度超前”的原则，加强公路、铁路、民航等交通基础设施建设。公路交通建设方面，基本实现了“县县通高等级公路，重要经济节点通高级公路，县乡通二级以上公路，行政村和建制村通柏油路”的层次分明、功能齐全的公路网络。铁路交通建设方面，铁路网络初步形成，南疆铁路和喀和铁路先后建成，实现三地州与北疆各县市以及内地各省区有机接轨。民航建设方面，喀什机场跃升为新疆第二航空港，游客年吞吐量达到173万人次，邮货年吞吐量达到0.7万吨，开通国内国际航班日均20余架次；和田机场达到4D等级，年均游客吞吐量和邮货吞吐量分别达到35.9万人次和1270.4吨。

在水利基础设施建设方面，遵循“开源节流并重、防洪抗旱并举”的指导方针，加强三地州水利基础设施建设。先后建成孜河卡拉贝利水利枢纽工程、叶尔羌河阿尔塔什水利枢纽工程、玉河水利枢纽工程。修建、改造包括阿克肖水库、奴尔水库、尼雅水库等在内的121座水库，建成泵站68座，完成叶尔羌河灌区、喀什噶尔河灌区、和田河灌区为主体的大型灌区续建配套及节水改造工程。农田有效节水灌溉面积超过31万公顷，农业有效灌溉利用系数达到0.51，抗旱井数与2010年相比增加2000余眼。

电力基础设施建设方面，按照“电化新疆”的电力发展总目标，积极推进电源规模的扩大和电网工程的扩建和改造。围绕煤炭、天然气、太阳能等资源，重点开发水电，大力发展火电，积极发展光电，实现水电、火电、光电“三电”的同步发展。电网工程扩建和改造，先后建成喀克220千伏环网、和田市—于田县220千伏、和田市—莎车县第二双回220千伏输变电工程等一大批电网工程，同时推动电网工程向布伦口、木吉等无电乡镇延伸。

信息基础设施建设方面，积极推动农村信息基础设施建设，实现宽带入乡进村，光纤向行政村、自然村延伸，提高信息化覆盖面积和深度。2016 年，三地州农村地区广播覆盖率 99.1%，电视综合覆盖率 98.9%。初步形成了与三地州经济社会发展相适宜，数据承载力强、网间无缝融合的信息化格局。

3.3 新疆连片特困区产业扶贫成效测度及比较分析

根据前文的研究结果，三地州贫困地区在推进本辖区产业扶贫的过程中投入了大量的人力、物力、财力，做了大量的工作。那么，其扶贫效果如何呢？本书拟借助 VAR 模型的脉冲响应分析和方差分解分析对南疆三地州产业扶贫的效果进行实证测度。同时，为了便于比较和分析，拟借助全国扶贫重点县产业扶贫成效作为对照组进行比较和研究。

3.3.1 指标选取与数据来源

对于贫困地区产业扶贫工作成效的衡量，一般借助该地区产业扶贫开发工作对贫困地区和贫困群体贫困程度减缓的贡献程度来进行评价。在产业扶贫开发工作相关衡量指标的选择上，产业扶贫普遍被理解为扶贫部门和组织借助一定的扶贫资源，通过一定的方法和手段，组织和引导贫困群体发展当地特色优势产业来实现增收和脱贫致富的一种扶贫开发方式。对于产业扶贫开发工作状况的衡量，目前最常见的、使用频率最高的指标为产业扶贫资金投入状况、产业扶贫人员投入状况等。本书拟分别采用三地州和全国扶贫重点县产业扶贫资金投入状况作为三地州产业扶贫开发工作和全国产业扶贫开发工作的衡量指标；在扶贫开发成效衡量指标上，当前国内外学者对于扶贫开发成效的衡量一般借助贫困群体的增收状况进行评价。虽然近年来，贫困地区贫困群体的贫困往往是多维的，涉及经济、能力、机会等多个维度，但其依然普遍强调因收入水平低下而导致的贫困群体经济层面的贫困是贫困群体扶贫开发进程中亟待解决的问题。同时，提升贫困群体的自我发展能力和拓展贫困群体自我发展机会，其最终目标也是提升贫困群体的收入水平。因此，本书对于三地州和全国扶贫重点县扶贫开发成效的衡量，分别采用三地州贫困农牧民人均纯收入和全国扶贫重点县贫困群体人均纯收入进行评价。

在本书所选用的数据当中，2005 ~ 2010 年三地州产业扶贫资金投入数据由

2006～2011年《新疆调查年鉴》数据整理所得；2011～2015年三地州产业扶贫资金投入数据由喀什、和田、克州三地扶贫办调研数据整理所得；2005～2015年三地州贫困农牧民人均纯收入数据由2006～2016年《新疆调查年鉴》数据整理所得。对照组中，全国扶贫重点县产业扶贫资金投入状况和农牧民人均纯收入数据由《中国农村贫困监测报告》《中国扶贫开发年鉴》数据整理所得。本书数据时序长度为2005～2015年。同时，为了避免数据的剧烈变动，消除可能存在的异方差，在运用数据进行实证分析之前，对样本数据进行对数化处理。数据的最大值、最小值、均值、方差情况如表3－1所示。

表3－1　数据基本情况统计

变量	最大值	最小值	均值	方差
三地州产业扶贫资金投入 $\ln X$	8.085	6.137	7.139	0.749
三地州农牧民人均纯收入 $\ln Y$	8.753	7.275	8.023	0.238
全国扶贫重点县产业扶贫资金投入 $\ln X'$	15.290	14.049	14.628	0.390
全国扶贫重点县农牧民人均纯收入 $\ln Y'$	8.846	7.453	8.147	0.229

3.3.2　模型选择

本书运用VAR模型分析三地州产业扶贫开发工作对贫困农牧民人均纯收入的贡献。VAR模型由西姆斯于1980年提出，它主要用于预测相互联系的时间序列系统及分析随机扰动对变量系统的动态影响。VAR模型具有不需要事先区分变量的外生性和内生性的优点，可以较合理地描述变量之间的互动关系，通常用于描述时间序列系统的关联和随机扰动项对变量系统的动态影响。VAR模型的数学表达式如式（3－1）所示。

$$y_t = A_1 y_{t-1} + \cdots + A_p y_{t-p} + Bx_t + \varepsilon_t \qquad t=1，2，\cdots，T \tag{3-1}$$

式中，y_t 为 k 维内生变量，x_t 为 d 维外生变量，p 为滞后阶数，T 为样本个数，$k \times k$ 维矩阵 A_t，…，A_p 和 $k \times d$ 维矩阵 B 为待估系数矩阵，ε_t 为 k 维扰动向量，它们之间可以同期相关，但不与自己的滞后值相关。

3.3.3　数据处理

（1）变量单位根检验。

在现实生活中，经济变量分析的时间序列往往是非平稳的。运用这样的变量进行回归分析可能出现虚假回归的现象，导致标准的 t 检验和 F 检验无效。为了避免“伪回归”现象的出现，在回归分析之前，需要对时间序列数据进行平稳性检验（单位根检验）。本书运用 ADF 方法分别对三地州产业扶贫状况及成效和全国扶贫重点县产业扶贫状况及成效相关变量进行单位根检验，结果如表 3-2 所示。根据表 3-2，三地州产业扶贫资金投入变量（lnX）、三地州农牧民人均纯收入变量（lnY）、全国扶贫重点县产业扶贫资金投入变量（lnX′）以及全国扶贫重点县农牧民人均纯收入变量（lnY′）在一定的显著性水平下均满足一阶平稳的条件，即本书所选取的变量均为一阶平稳。

表 3-2 时序变量单位根检验结果

变量	ADF 统计量	临界值	检验形式（C，T，K）	结论
$\ln X$	-0.835	-2.748*	（C，0，2）	非平稳
$\Delta\ln X$	-1.913	-1.600*	（C，0，2）	平稳
$\ln Y$	-0.424	-2.748*	（C，0，2）	非平稳
$\Delta\ln Y$	-3.221	-2.771**	（C，0，2）	平稳
$\ln X'$	-1.835	-2.748*	（C，0，2）	非平稳
$\Delta\ln X'$	-2.809	-2.771*	（C，0，2）	平稳
$\ln Y'$	-0.020	-2.748*	（C，0，2）	非平稳
$\Delta\ln Y'$	-3.121	-2.801*	（C，0，2）	平稳

注：检验形式（C，T，K）中的 C 表示 ADF 检验时的常数项（C=0 表示不含常数项），T 表示趋势向（T=0 表示不含趋势向），K 表示滞后阶数；Δ 表示一阶差分算子，*、**、*** 分别表示在 10%、5% 和 1% 的显著性水平上显著。

（2）变量协整检验。

运用非平稳时间序列数据建立回归模型时，会出现一定的“伪回归”现象，而如果若干个相同阶数单整序列的某种线性组合则可能是平稳的，即时间序列数据之间存在一种长期均衡的协整关系。本书运用 E-G 两步法分别对南疆三地州和全国扶贫重点县产业扶贫资金投入和农牧民人均纯收入时间序列数据进行协整性检验。E-G 两步法是由 Engel 和 Granger（1987）提出的用于分析非平稳时间序列数据协整关系的研究方法。该方法主要根据 AIC 信息准则和 SC 准则判断时间序列数据之间是否存在协整关系。研究结果表明，在消除变量截距项和趋势项，变量滞后期数选为两期的前提下，南疆三地州产业扶贫资金投入变量（lnX）和南疆三地州农牧民人均纯收入变量（lnY）组合、全国扶贫重点县产业扶贫资金投入变量（lnX′）和全国扶贫重点县农牧民人均纯收入变量（lnY′）组合在5%的显著性水平下均通过显著性检验，并且协整关系个数均为一个，即南疆三地州产业扶贫资金投入和农牧民人均纯收入以及全国扶贫重点县产业扶贫资金投入和农牧民人均纯收入之间均只存在唯一的协整关系。本书所选取的变量的协整关系检验结果如表3-3所示。

表3-3 变量组协整关系检验

变量组	ADF 统计量	临界值	协整个数
$\ln X$ 与 $\ln Y$	-5.262	-2.686***	1
$\ln X'$ 与 $\ln Y'$	-4.825	-2.686***	1

注：***表示在1%的显著性水平下显著。

3.3.4 产业扶贫资金投入对农牧民人均纯收入影响的脉冲响应分析

产业扶贫资金投入与农牧民人均纯收入时间序列数据的协整检验结果在一定程度上说明了两者之间存在长期稳定的互动关系。然而要想进一步探究两者之间更多和更加明确的动态特征信息，需要引入VAR模型的脉冲响应函数分析法进行评价与分析。脉冲响应分析法主要运用于描述内生变量对外生变量误差变化大小的响应，即用于衡量来自随机扰动项的一个标准信息的冲击对内生变量当期值和未来值的影响。本书运用VAR模型的广义脉冲响应函数分析法（GIRF）分别测度三地州贫困农牧民人均纯收入和全国扶贫重点县农牧民人均纯收入对三地州产业扶贫资金和全国扶贫重点县产业扶贫资金的冲击响应，实证结果如图3-3和图3-4所示。根据样本容量，将冲击响应期设定为六期，每一期的时间长度为一年。

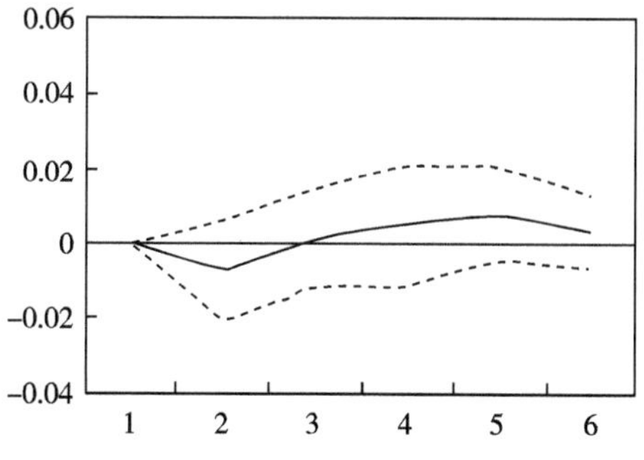

图3-3 三地州脉冲响应结果

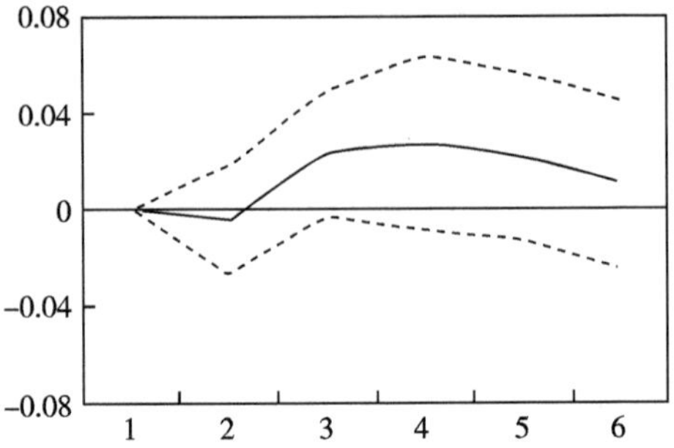

图 3－4　全国脉冲响应结果

首先，就三地州农牧民人均纯收入对产业扶贫资金投入的脉冲响应结果来看（见图 3－3），在脉冲响应的当期，三地州贫困农牧民人均纯收入对产业扶贫资金投入的冲击响应值为 0.000，随后在第二期三地州农牧民人均纯收入的冲击响应值下降为负值。从第一、第二期贫困农牧民人均纯收入的脉冲响应结果看，三地州贫困地区产业扶贫开发工作对贫困农牧民增收存在一定的滞后性。第三期之后，三地州农牧民人均纯收入对产业扶贫资金投入的脉冲响应结果转变为正值，并在第五期达到最大值，为 0.008123。第五期之后，三地州贫困农牧民人均纯收入的脉冲响应值开始出现下降，并逐步收敛于 0.000。计算六个周期内三地州农牧民人均纯收入对产业扶贫资金投入的累计响应值为 0.011058，即在初始期增加一个单位的产业扶贫资金投入，在六年内可以使三地州贫困农牧民的人均纯收入增加 0.011058 个单位。

其次，就对照组全国扶贫重点县贫困农牧民人均纯收入对产业扶贫资金的脉冲响应结果来看（见图 3－4），全国贫困农牧民人均纯收入对产业扶贫资金投入的冲击响应值在当期为 0.000，第二期的冲击响应值也为负值，并且在第三期之后冲击响应值转变为正值，同时呈现出逐步扩大的态势，第四期达到最大值，为 0.027063，第四期之后全国扶贫重点县贫困农牧民人均纯收入对产业扶贫资金投入脉冲响应值出现一定幅度下降，第六期贫困农牧民人均纯收入的脉冲响应值下降到 0.010639。同时，计算六个周期全国扶贫重点县贫困农牧民人均纯收入对产业扶贫资金投入的累计响应值为 0.07803，即在初始期投入一个单位的产业扶贫资金，在六年内可以使全国扶贫重点县贫困农牧民的人均纯收入增长 0.07803。

总体来说，就产业扶贫成效的脉冲响应分析结果来看，无论是全国还是三地州，产业扶贫开发工作均不尽如人意，同时三地州产业扶贫开发效果明显落后于全国平均水平。此外三地州产业扶贫开发工作的可持续性也存在明显的不足，尤其需要高度关注和进一步改善。

3.3.5 产业扶贫资金投入对农牧民人均纯收入影响的方差分解分析

脉冲响应函数描述了VAR模型中一个变量的冲击给其他变量造成的影响，而VAR模型的方差分解分析则可以将系统中每一个内生变量的波动按照其成因分解为与各方向信息相关联的组成部分，从而可以进一步评价不同的变量对内生变量冲击的重要性。方差分解分析给出了对VAR模型中的变量产生影响的每一个随机扰动的相对重要性信息，从而了解不同的信息对内生变量的相对重要程度。本书根据VAR模型方差分解分析的相关理论，分别分析三地州和全国扶贫重点县产业扶贫资金投入对贫困农牧民纯收入的影响效应，响应期数与上文脉冲分析响应期数保持一致，也为六期。三地州和全国扶贫重点县产业扶贫成效的方差分解分析结果如表3－4所示。

表3－4 产业扶贫资金投入对农牧民纯收入贡献值

期数	三地州方差分解结果		全国方差分解结果	
	SE	贡献值	SE	贡献值
1	0.034922	0.000000	0.031306	0.000000
2	0.044114	2.619132	0.051175	1.071655
3	0.048724	2.237383	0.052598	4.977299
4	0.049039	3.322695	0.053570	7.726917
5	0.049782	5.887052	0.054698	10.18846
6	0.050778	6.115306	0.055570	13.41049
合计		20.181568		37.374821

根据表3－4，在产业扶贫资金投入初期，无论是三地州还是全国扶贫重点县，产业扶贫对贫困农牧民人均纯收入的拉动作用均不显著；产业扶贫工作对贫困农牧民纯收入的影响在三地州和全国扶贫重点县均呈现出逐年上升的态势。但综合来看，三地州产业扶贫资金投入对贫困农牧民人均纯收入的拉动贡献明显落后于全国扶贫重点县的平均水平。在六个研究周期内，三地州产业扶贫资金对贫困农牧民人均纯收入的累计拉动贡献仅为20.18%，远远低于全国扶贫重点县37.38%的平均水平。

3.4 新疆连片特困区产业扶贫工作反思

根据前文的研究结论，三地州各级政府在推动辖区产业扶贫开发工作的进程中，投入了大量的人力、物力和财力，并做了大量的工作。然而，就三地州产业扶贫开发工作的成效来看，并不尽如人意，三地州产业扶贫开发成效与全国平均水平相比依然存在明显距离。同时，在对三地州部分贫困农户调研过程中也发现有大量贫困农户对其所在地区产业扶贫开发工作表现出一定的不认可、不满意①。是什么原因造成当前三地州贫困地区产业扶贫成效较差的呢？是产业扶贫项目没选好，所选的产业扶贫项目与当地基础条件不匹配呢？还是推动产业扶贫项目发展的方式存在问题呢？笔者认为上述两种情况均有可能造成产业扶贫效果不理想。但与此同时，笔者在对三地州部分贫困村庄实地走访中，也发现一些贫困村庄选择了市场前景较好的产业项目，但依然没有带动贫困农牧民增收的案例。因此，对于三地州产业扶贫开发工作来说，精确地选择产业扶贫项目非常重要，但精准地设计产业扶贫项目的具体实施方式则更为重要。这就使得我们在研究三地州产业扶贫相关问题时，不得不将研究视角定位到产业扶贫的具体模式上。那么，对于三地州来说，其产业扶贫模式有哪些类型？是如何运转的？运转的效果如何？又存在哪些问题？因此，本书在接下来的论述中，着重对三地州产业扶贫开发模式的相关问题进行梳理与剖析。

3.5 本章小结

本章在对三地州产业扶贫历程进行系统梳理的基础上，全面剖析了当前三地州产业扶贫现状，同时借助 VAR 模型脉冲响应分析和方差分解分析等实证分析方法对三地州产业扶贫开发工作成效进行测度。当前，三地州的产业扶贫开发工

① 通过对三地州贫困农牧民的调查（具体的调研过程会在本书第 5 章详细阐述），在 657 位参加产业扶贫调查农户中，对产业扶贫工作不满意、非常不满意的贫困农户分别为 84 人和 43 人，各占样本总数的 12.8% 和 6.5%。

作虽然在一定程度上提升了贫困农牧民的人均纯收入水平，但与全国平均水平相比依然存在明显的差距。同时三地州的产业扶贫开发工作往往表现出不可持续的问题，而产业扶贫模式的不适用、不精准极有可能是造成目前三地州产业扶贫效果较差的一个重要原因。本章的研究为我们后文研究三地州产业扶贫模式的相关问题提供了一定的铺垫和方向指引。

第4章 新疆连片特困区产业扶贫模式类型与结构分析

第3章的研究结果表明，当前三地州扶贫开发部门在推动辖区产业扶贫开发的过程中做了大量的工作。但其扶贫效果与内地省区相比却存在明显差距。同时，部分农户对当地政府的扶贫开发工作的认可度和满意度也有待提升。产业扶贫模式不精准极有可能是造成当前三地州产业扶贫效果偏低的一个重要因素，从而使我们将研究视角投放到当前三地州的产业扶贫模式上来。因此，接下来本书拟对当前三地州现有产业扶贫模式的具体类型及系统结构进行调查与剖析。通过对三地州20余个村庄的走访和调查，梳理和归纳出目前三地州贫困地区现有的产业扶贫模式主要有“农户自营”模式、“农民专业合作社经营”模式、“公司带动的订单生产”模式三类相对成熟的产业扶贫模式类型。

4.1 农户自营模式

4.1.1 农户自营模式内涵

农户自营产业扶贫模式是指扶贫开发相关部门和组织给予贫困农户一定的资金、物资补贴和政策支持，贫困农户借助扶贫相关部门和组织的扶贫资金、物资以及相关扶贫政策，独立自主经营发展产业扶贫项目，推动自身增收、资本积累，实现自身脱贫致富的一种产业扶贫开发模式类型。农户自营产业扶贫模式是三地州产业扶贫开发进程中长期采用的一种产业扶贫模式类型，同时也是三地州现阶段产业扶贫中应用最广泛的一类模式。根据调查，目前三地州大部分贫困区域在实施产业扶贫项目时，依然主要采用该类模式。

4.1.2 农户自营模式参与主体及功能定位

根据对和田县塔瓦库勒乡、疏勒县英尔力克乡产业扶贫开展工作的调查与梳理，总结出“农户自营”产业扶贫实践模式的主要参与主体包括扶贫政府部门、金融机构和贫困农户。其中，扶贫政府部门的主要职责为：制定产业扶贫政策，引导和组织贫困农户参与到产业扶贫开发工作当中；依托扶贫专项资金，对于农户经营产业项目提供相应的资金和物资补贴；建立风险保障金制度，组织和引导金融机构向贫困农户提供扶贫小额贷款。金融机构的主要职责为：依托政府的担保和风险保障金，为贫困农户提供一定额度的扶贫小额贷款，以进一步解决贫困农户发展生产和扩大生产规模过程中的资金短缺问题。贫困农户的主要职责为：贫困农户借助当地政府的扶贫资金和扶持政策，以及金融机构的扶贫小额贷款，以家庭为基本生产单位，发展扶贫产业项目，开展生产，脱贫致富。

4.1.3 农户自营模式运行机制

三地州“农户自营”产业扶贫模式运作的核心流程为政府扶贫部门、金融机构以及其他扶贫相关组织和机构给予贫困农户一定的资金、物资帮扶和政策支持，贫困农户借助扶贫相关组织的资金、物资帮扶和政策支持，自主开展生产活动，发展产业项目，实现增收和脱贫致富。因此，“农户自营”产业扶贫实践模式的具体运行机制可以用图 4－1 表示。

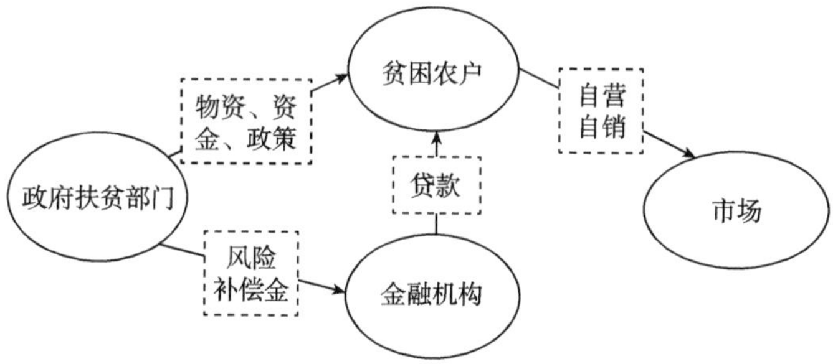

图 4－1 贫困农户自营模式运行机制

（1）政府扶贫开发部门给予贫困农户一定额度的扶贫资金、物资补贴以及政策支持，用以解决贫困农户发展生产中面临的资金短缺和政策扶持不到位的问题，从而推动贫困农户发展产业扶贫项目。如在后文的案例中，塔瓦库勒乡在推动贫困农户发展庭院经济项目的过程中，依托专项扶贫资金无偿为贫困农户修建拱棚和畜牧养殖棚圈，并对于发展种植业和养殖业的农户给予 6000 元的发展基金。

（2）扶贫政府部门通过建立风险补偿金，积极与当地金融机构合作，为贫困农户提供一定额度的扶贫小额贷款，用以进一步解决贫困农户发展生产和扩大生产规模过程中的资金短缺问题。如下文典型案例中的塔瓦库勒乡，其与当地农村信用社合作，出资 200 万元建立风险补偿金，为贫困农户提供“三年内免担保、免抵押、全贴息”的扶贫小额贷款。

（3）贫困农户依托扶贫资金补贴和政策支持，发展产业扶贫项目，脱贫致富。贫困农户借助当地扶贫政府部门和组织的扶贫资金和扶持政策，以及金融机构的扶贫小额贷款，以家庭为基本生产单位，依托自身技术特点和家庭资源禀赋，通过“自产、自营、自销”的方式大力开展生产活动，从而带动自身的增收和家庭生产生活质量的提升，实现脱贫致富愿景。

4.1.4 农户自营模式特点

“农户自营”产业扶贫开发模式的特点突出表现在以下两个方面：第一，扶贫资源直接投放于贫困农户，即无论是扶贫部门的扶贫专项资金，还是金融机构提供的扶贫小额贷款，均都直接对接和投放于贫困农户，这就在一定程度上避免了产业扶贫资源传递过程中的漏出和人为挪用的现象，保证了产业扶贫资源可以百分百投放于贫困农户。第二，贫困农户依托扶贫专项补贴资金、扶贫小额贷款以及产业扶贫政策，以家庭为基本生产单位，“自产、自营、自销”的方式实施产业扶贫项目，发展生产。贫困农户通过参与上述一系列生产经营活动，通过“干中学”，可以使自身的生产决策能力得到一定程度的锻炼，生产经营管理技能得到一定程度的提升。

4.1.5 农户自营模式典型案例——和田县塔瓦库勒乡的产业扶贫①

塔瓦库勒乡地处塔克拉玛干沙漠腹地，位于新疆维吾尔自治区和田地区和田县境内，是三地州一个典型的沙漠绿洲特困乡。该乡有建档立卡贫困人口 3124 户 16874 人，超过全乡总人口的 67.5%，农民人均纯收入不到新疆平均水平的

① 资料来源：和田县扶贫办四个三年行动典型案例。

40%。同时，该乡一方面昼夜温差大、光热资源丰富，适宜棉花、小茴香、红枣、核桃等经济作物生长；另一方面牛羊肉和禽类消费需求大，畜牧禽类市场空间广阔等。基于此，自 2013 年国家全面脱贫目标提出以来，该乡高度重视辖区的扶贫开发工作，积极探索行之有效的产业扶贫的路径和方式，试图通过发展特色优势产业来带动贫困群体增收和脱贫致富。2014 年，塔瓦库勒乡在和田县统一规划的基础上，制定了产业扶贫规划，将庭院经济、红枣种植、畜牧禽类养殖作为本乡产业扶贫的重点产业扶贫项目。同时，依托当地扶贫开发部门、对口援疆省（区）以及其他扶贫开发相关组织的专项扶贫资金，无偿为贫困农户修建种植拱棚和畜牧养殖棚圈，并且对于贫困农户购买牛、羊、禽类幼崽和瓜果幼苗，按照“先干再补，以奖代补”的方式提供 6000 元的发展基金。此外，塔瓦库勒乡政府出资 200 万元建立风险补偿金，与当地农村信用社合作。农村信用社按照 1∶7 的比例，为贫困农户提供“三年内免担保、免抵押、全贴息”的最高不超过 50000 元的扶贫小额贷款，用以解决贫困农户发展特色产业和扩大生产规模的资金短缺问题。

通过三年多的努力，塔瓦库勒乡的贫困问题得到了明显的改观，建档立卡贫困人口数由原来的 16874 人下降至 10017 人，农民人均纯收入也由原来的 2780 元上升至 3400 元。村庄的村容村貌较之前取得了较大幅度的改善。

4.2 农民专业合作社经营模式

4.2.1 农民专业合作社经营模式内涵

农民专业合作社经营产业扶贫开发模式是指在贫困地区产业扶贫项目实施的过程中，扶贫开发部门引导和组织贫困农户组建或参与到农民专业合作社当中，农民专业合作社将分散的农户组织起来，向贫困农户统一提供专门的农业生产资料、生产经营技术和信息服务，统一销售产品，推动农户发展生产、增加收入和实现脱贫致富的产业扶贫模式类型。

农民专业合作社是指由同类型产品生产经营者或者同类型生产经营服务提供者为了谋求或者维护和改善共同的利益，在自愿平等互利的基础上，共同建立起来的一种互助性的经济组织或社会团体。其一头连着千家万户，另一头连着市场，可把分散的农户组织起来，通过联合办理经济实体，开展科研、推广和销售服务，共同进入市场，参与经营和竞争，实现专业化生产，对于维护农民利益，改善农户经济地位，帮助农户脱贫致富以及促进农村经济和社会发展等具有重要的作用。基于农民专业合作社在农户生产经营中的优越性，三地州各级政府在全面反思农户自营模式缺陷的基础上，积极推进贫困农户组建和发展农民专业合作社，推行农民专业合作社带动、农户抱团互助合作经营的产业扶贫开发新模式。

截止到2016年底，三地州先后建成农民专业合作社4500余家，涉及粮食种植与收购、瓜果、蔬菜、食用菌种植，家畜、家禽养殖、民族手工制品加工与销售以及农机服务等多个领域，直接参与农户50000余户，间接带动农户10余万户。同时，先后涌现出一大批国家级示范社、自治区级示范社和地区级示范社。农民专业合作社的蓬勃发展，在带动贫困农民增收、活跃农村经济中发挥着积极重要的作用。笔者在调查中也发现，目前三地州大部分村庄都已经成立或者准备成立村级农民专业合作社，用以推动本地区的产业发展和扶贫开发工作。

4.2.2 农民专业合作社经营模式参与主体及功能定位

通过农民专业合作社经营产业扶贫实践模式开展产业扶贫的核心思路为组织和引导贫困农户组建或参与到农民专业合作社当中，通过相应的政策、资金支持，推动农民专业合作社带动贫困农户发展扶贫产业项目，实现脱贫致富。笔者通过对三地州贫困地区部分乡村合作社的走访，梳理出农民专业合作社经营产业扶贫模式的核心参与主体主要为扶贫开发政府部门和组织、金融机构、农民专业合作社以及贫困农户等。

扶贫开发政府部门和组织包括正式的扶贫开发政府机构和非正式的村委会两种类型。村委会的主要职责为：组织和引导贫困农户组建农民专业合作社或者引导贫困农户参与到村庄现有的农民专业合作社中，同时为农民专业合作社的健康、有序运行创造良好的外部环境。扶贫开发政府机构的主要职责为：一方面，制定相应的扶贫政策，为农民专业合作社的组建和运行提供相应的制度保障；另一方面，依托扶贫专项资金为农民专业合作社的正常运行提供相应的资金支持。此外，建立风险补偿金制度，引导和组织金融机构为农民专业合作组织运行提供一定额度的扶贫小额贷款。金融机构的主要职责为：依托政府的担保和风险保障金，为农民专业合作社提供一定额度的扶贫小额贷款，用以进一步解决农民专业合作社发展生产和扩大生产规模过程中的资金短缺问题。农民专业合作社的主要职责为：在生产环节统一为贫困农户提供生产资料、技术指导和信息服务，在销售环节将农户生产出来的产品进行统一的回收和销售。贫困农户的主要职责为：组建或者参与到现有农民专业合作社中，在农民专业合作社的指导下，按照一定的生产标准统一进行生产，同时接受农民专业合作社的技术指导和信息服务等。

4.2.3　农民专业合作社带动产业扶贫模式运行机制

基于农民专业合作社经营产业扶贫模式的参与主体及各类型参与主体的主要职责，同时在对三地州部分农民专业合作社实地调查的基础上，归纳出农民专业合作社带动、农户抱团合作经营的“农民专业合作社经营”产业扶贫开发模式的一般运行机制，具体如图 4 –2 所示。

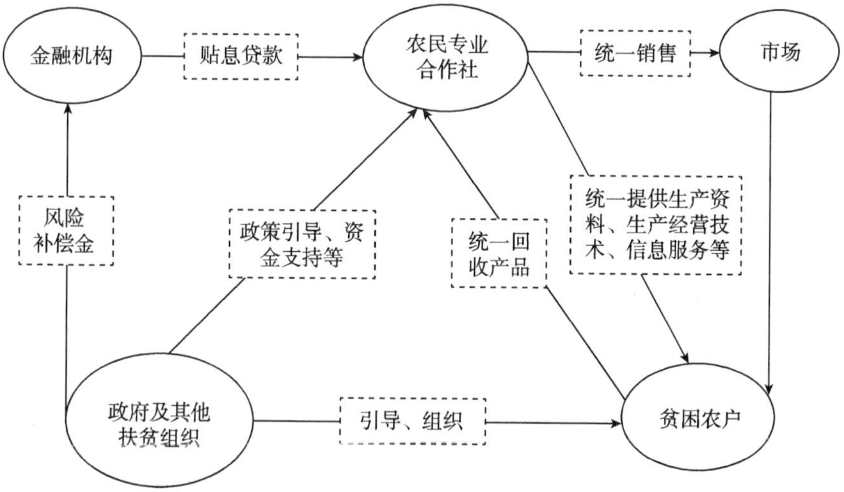

图 4 –2　农民专业合作社经营模式运行机制

（1）村委会、党支部以及驻村工作组等扶贫参与主体通过政策解读、广播宣传等方式，向贫困农户宣传参加农民专业合作社的好处和农民专业合作社在带动农户发展生产中的优势。组织和引导贫困农户组建或参与农民专业合作社①。

（2）贫困农户以农民专业合作社为平台，合作社为贫困农户统一提供生产资料、技术指导和信息服务，并将农户生产出来的产品进行统一的回收和销售，以此来发展扶贫产业项目，带动贫困农户增收。如下文案例中乔拉克村的兴畜养

① 目前，三地州农民专业合作社的组建一般通过吸引村中能人、大户与贫困农户合作，共同组建。

殖合作社，统一为农户提供幼崽、饲料、饲养标准、药品、防疫和技术指导，并将产品采用统一品牌进行销售。

（3）以技术为依托，推动产业良性发展，持续为农户“造血”。合作社组织开展各种类型的咨询、培训和交流活动，对社员生产技术进行指导，提升社员管理水平和经营能力，保障产业的良性发展，扩大农户增收幅度和提升农户增收可持续性，增强农户脱贫致富信心，加快农户脱贫致富步伐。如下文案例中乔拉克村的兴畜养殖合作社，一方面通过养殖大户的“传帮带”，为贫困农户养殖提供技术指导和支持；另一方面组织养殖户参加县、乡实用技能培训班，通过学习、培训、现场指导等方式，培育农户掌握科学育肥技术。

（4）贫困地区政府扶贫开发部门及金融机构等相关扶贫组织制定相关政策与规章制度、提供专项扶贫资金和扶贫小额贷款等对合作社发展进行帮扶和补贴，提升其带动贫困农户发展产业扶贫项目的能力。笔者在调查中了解到，目前喀什地区针对贫困户参与度超过一定比例的合作社，当地政府一次性提供5万～10万元不等的专项扶贫资金，用于合作社扩建厂房和购买机器设备等。同时，对于经营有困难或者期望进一步扩大生产规模的合作社，政府与当地金融机构合作，为其提供不超过20万元的贴息的扶贫小额贷款，用于合作社扩大生产规模和发展生产等。

4.2.4 农民专业合作社经营模式特点

农民专业合作社经营产业扶贫模式的核心是依托专业合作社等农民专业合作经济组织来带动贫困农户抱团合作经营，统一发展特色产业。该类产业扶贫模式的突出特点表现为贫困农户之间建立互助合作关系，扶贫资金集中统一使用，统一发展生产。使用该类模式开展产业扶贫，具有以下几个方面的好处：

（1）贫困农户通过组建和加入农民专业合作社，统一开展生产活动，发展生产。农民专业合作社依托自身的技术与渠道优势，统一为贫困农户提供生产资料、技术指导和信息服务，并将农户生产的产品进行统一销售，实现了贫困地区特色产业的统一化生产和集中化经营，不仅扩大了产业规模，形成产业的规模效应，而且统一的生产标准和流程也显著提升了农户生产的产品质量，增强产品和产业竞争力，从而推动贫困地区特色优势产业和特色优势产业基地的形成。如本次调研中的乔拉克村，该村村民组建畜牧养殖合作社，共同生产多浪羊，目前该村已然成为县内外小有名气的多浪羊生产养殖基地。

（2）农户依托农民专业合作社进行联结，抱团互助合作经营，在一定程度上降低了贫困农户的生产风险。如前文提到三地州的农民专业合作社多由村中大户、能人与贫困农户共同组建。能人、大户的生产和渠道优势，可以在农户生产环节为农户提供一定的技术指导和信息服务，极大地提高了农户产品的生产效率和生产质量，不仅降低了农户生产成本，也消除了农户在生产环节因技术应用不当而带来的生产风险；在销售环节，由合作社统一组织农户进行销售，大大提升了农户在产品市场的议价能力，避免了产品价格被人为压低而造成的经济损失。同时，合作社依托合作组织中的能人和大户的销售渠道和资源，统一对农产品进行销售，也有效避免了农户单独进入产品市场，因对产品市场不了解而产生的信息搜集费用和产品交易费用，并且也在一定程度上规避了农户因无法顺利找到销售渠道而造成的产品滞销的风险。

（3）农民专业合作社除了在组织农户生产中统一为农户提供物资和制定生产标准外，还为组织成员生产提供相应的技术指导，并且组织开展各类咨询、培训和交流活动，这些都极大地提升了农户的生产技术和发展能力，实现了扶贫既扶志，又扶智的目标。如琼霍依拉养殖专业合作社就一方面通过养殖大户的“传帮带”，为贫困农户养殖提供现场技术指导；另一方面开展养殖技术培训班和交流会等，组织养殖户参加养殖技术和经营管理知识学习。此外，还积极动员会员参加县、乡开展的实用技术培训班。琼霍依拉养殖专业合作社通过学习、培训、现场指导等多种形式，显著提升了社员的饲养育肥技术和经营管理水平。

（4）农民专业合作社组织带动的产业扶贫项目实施模式，实现了农户扶贫资金集中起来办大事的愿望。一方面，扶贫资金集中起来，统一规划和使用，避免了扶贫资金向农户分散投放，“天女散花”而造成的资金利用率不高的问题。另一方面，由村中的能人、大户带领贫困农户共同使用扶贫资金，也在一定程度上提升了扶贫资金的使用质量。

（5）依托农民专业合作社开展产业扶贫，对于贫困农户生产积极性和参与热情也具有极强的推动作用。农民专业合作社等农民专业合作经济组织作为农民自愿形成的经济组织，其天生具有与贫困人口的亲近性。这不仅使得农民专业合作经济组织对贫困户情况了解更为透彻，扶贫对象瞄准更为精确，而且可以使它的扶贫活动可以很快地渗透到贫困群体之中，极大地提高了农户参与扶贫工作的热情和积极性。

4.2.5 农民专业合作社经营模式典型案例——伽师县克孜勒博依乡乔拉克村畜牧产业的农民专业合作社带动①

伽师县克孜勒博依乡乔拉克村位于伽师县西部，是当地的一个扶贫重点村。该村有247户1073人，其中重点贫困户就达到92户404人。与此同时，该村人多地少，劳动力资源严重剩余但观念陈旧、缺乏一技之长，同时支柱性产业也严重匮乏。2014年初摸底时，乔拉克村特色林果面积仅有150亩，牲畜户均不到5头，农户收入途径单一，增收乏力。为了改变该村长期贫穷落后的局面，2014年伽师县将乔拉克村列为“小片区”建设整村推进村，通过实地走访调查，发现该村农户普遍具有饲养绵羊的传统，且发展养羊业的意愿普遍较为强烈。因此，通过与当地驻村工作组协商，帮助农户厘清发展思路，引导贫困农户饲养绵羊，大力发展畜牧养殖业。并且借助扶贫资金、项目资金和贴息贷款，为贫困农户修建畜牧棚圈和购买羊幼崽，推动农户发展畜牧养殖业。但总体来看，效果不尽如人意，农户饲养的绵羊质量普遍不高，且缺乏有效的销售渠道，饲养绵羊对农户增收的作用非常有限。

2015年，该村总结前期工作的缺陷和不足，转变工作思路，在清晰认识到农民专业合作社在农业生产经营中的优越性的基础上，试图通过农民专业合作社带动的方式组织贫困农户饲养羊，发展本村的畜牧业。在村委会和驻村工作组的促动下，本村养殖大户和能人带动全村97户农户（包括48户贫困农户）成立了三个村级养殖合作社。合作社采用“联合开发，共同收益”的合作模式。与此同时，针对大多数贫困农户无力购买畜牧幼崽和饲料的现实情况，合作社借助当地扶贫开发部门的扶贫专项资金，无偿为贫困农户提供10~15只幼羔进行育肥，并在幼羔育肥过程中统一供应饲料、统一供应羊架子、统一饲养标准、统一防疫病情，育肥周期结束后再将育肥羊按照市场价进行回购，并进行统一销售的方式带动贫困农户增收。除此之外，合作社通过开展学习、培训班和专家现场指导等方式，无偿为所有入社会员提供技术指导和技术培训。通过“合作社+农户”的养殖模式，2015年克孜勒博依乡乔拉克村牲畜出栏达到4615头，较2014年增加了2255头，产生直接经济价值46万元，人均增收3900元，较2014年增长了1197元。全村87户贫困户379人实现了稳定脱贫。

① 资料来源：伽师县克孜勒博依乡乔拉克村调研资料。

4.3　公司带动的订单生产模式

4.3.1　公司带动的订单生产模式内涵

扶贫公司带动贫困农户发展生产、实施产业扶贫项目的公司带动型产业扶贫开发模式，目前在三地州贫困地区虽然相对较少，但其是三地州“十三五”扶贫攻坚期间重点推行的一类产业扶贫实践模式。相关资料表明，目前三地州有特色扶贫龙头企业 94 家，扶贫龙头企业项目覆盖村庄达到 1893 个，覆盖贫困户 23.5 万户。同时，通过对三地州部分扶贫企业的走访，目前扶贫公司参与产业扶贫项目，带动贫困农户发展生产主要通过在当地政府的协调下，与农户直接签订订单合同，发展订单生产的方式开展。龙头企业通过合作社、协会等农民专业合作组织与农户建立合作关系的方式尚不多见；龙头企业与贫困农户通过签订股份合作协议，通过股份合作方式开展产业扶贫、发展产业扶贫项目在三地州则更是凤毛麟角。因此，本章对于扶贫公司带动型产业扶贫模式相关问题的研究，重点放在借助当地政府协调，与贫困农户签订订单合同，直接带动农户通过订单生产的方式发展生产，实现自身增收和脱贫致富的产业扶贫模式上。

公司带动的订单生产产业扶贫实践模式是指在产业扶贫的过程中，将相关扶贫公司引入扶贫开发领域，与农户在平等、自愿、互利的基础上，通过签订订单经济合同，建立利益联结机制，开展合作。扶贫公司向农户提供产前、产中和产后服务，向农户提供先进生产技术和经营管理经验，并按规定收购农户生产的产品，带动贫困农户开展生产，发展产业扶贫项目，实现增收和脱贫致富的一类产业扶贫项目实施模式。公司带动的订单生产产业扶贫模式可以将小农经济组织起来，不仅能够形成产业规模，而且可以有效延长产业链条，使农户有目的地开展生产活动，有保障地销售产品，从而最大限度地提升自身的经济效益。

4.3.2　公司带动的订单生产模式参与主体及功能定位

扶贫公司带动贫困农户开展订单生产的产业扶贫模式的核心是在当地扶贫开

发相关政府部门的组织和引导下，扶贫公司与农户借助订单经济合同，建立利益联结机制，组织和带动贫困农户开展生产活动，发展扶贫产业项目。因此，公司带动的订单生产产业扶贫模式的核心参与主体主要为扶贫开发相关政府部门、扶贫公司和贫困农户。其中，扶贫开发政府部门的主要职责涉及两个方面：一方面为通过一定的政策支持、相关服务和税收减免等方式引导和组织扶贫公司参与到贫困地区和贫困群体的产业扶贫开发活动中；另一方面组织和引导贫困农户发展扶贫产业项目，并借助扶贫专项资金和扶贫小额贷款资金对贫困农户发展扶贫产业项目给予一定的支持和补贴。扶贫公司的主要职责为与农户签订订单协议，建立利益联结机制，向农户提供一定的生产技术和经营管理经验以及其他一系列生产经营服务，并按照相关规定收购农户生产的产品。农户的主要职责为与扶贫公司签订订单合作协议，按照公司的要求、规范与标准生产相关产品，并将符合企业标准的产品按照相关协议的规定销售于扶贫公司。

4.3.3 公司带动的订单生产模式运行机制

根据对三地州贫困地区部分扶贫公司的走访和调查，归纳出三地州扶贫公司带动的订单生产产业扶贫实践模式的具体运行机制，具体如图 4－3 所示。

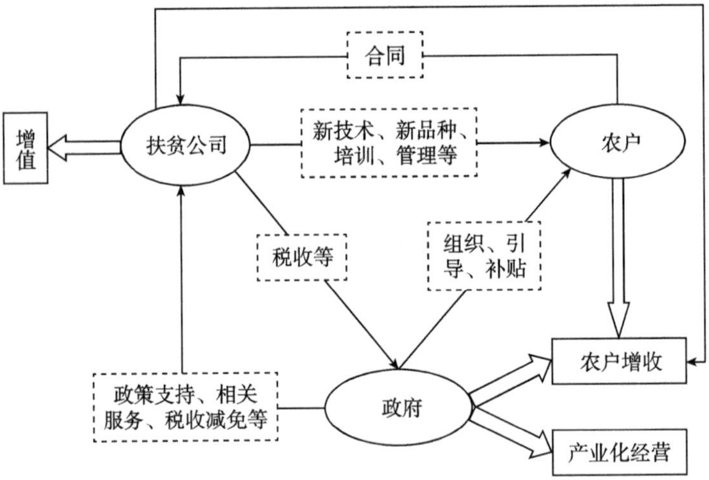

图 4－3 扶贫企业组织带动模式运行机制

（1）政府促进、引导扶贫公司参与到贫困地区产业扶贫开发活动当中。贫困地区扶贫开发部门、税务部门等相关扶贫政府部门和组织通过对扶贫公司进行政策支持、税收减免等方式，调动扶贫公司扶贫的积极性，引导其参与到贫困地区的产业扶贫当中。

（2）农户与扶贫公司建立利益联结机制，开展合作。扶贫公司通过与农户签订订单协议的方式，推动贫困农户和扶贫公司之间建立利益联结机制，形成合作关系。

（3）扶贫公司带动，贫困农户发展生产。贫困农户在扶贫公司的带动下，发展扶贫产业项目，推动自身增收和脱贫致富。如在下文案例塔什库尔干自治县塔合曼乡的“牦牛订单生产”中，扶贫企业与农户签订订单协议，扶贫企业依据订单协议为贫困农户提供技术指导和信息服务；贫困农户依据订单协议按照企业生产标准和要求饲养牦牛；牦牛育肥后，扶贫企业依据订单协议，按照略高于市场价格对达到企业质量要求的牦牛进行收购，进而带动农户增收。

（4）扶贫公司与政府提供培训和技术指导，提升扶贫公司与农户利益联结机制的稳定性，推动扶贫产业项目可持续发展。如在下文案例塔什库尔干自治县塔合曼乡的“牦牛订单生产”中，龙头企业通过本公司技术人员现场指导和组织牦牛饲养培训班与技能交流会等多种形式，提升农户的饲养技术和经营管理技能；政府则借助乡镇农牧民职业技能培训学校和村农民夜校组织农牧民开展牦牛饲养技术和管理技能方面的学习。

4.3.4 公司带动的订单生产模式特点

通过对三地州部分通过与扶贫公司签订订单协议发展生产的贫困农户的访谈和对部分扶贫公司的走访发现：通过扶贫公司带动贫困农户发展产业扶贫项目，可以实现企业与农户的有效对接，借助企业的技术、渠道优势，有效解决当前贫困农户生产活动中生产技术欠缺、生产能力不足和销售环节销售渠道狭窄、销售不畅的问题。通过该种模式实施产业扶贫项目，带动贫困农户发展生产，其优势主要表现在以下几个方面：

（1）使农户标准化生产，避免农户生产的随意性。扶贫公司与农户签订订单协议，一般会针对农户的生产活动制定严格的标准，产品质量也会设置相应的质量要求。这就使得农户必须按照扶贫公司的要求和生产标准严格开展生产活动。这就必然在一定程度上规范了农户的生产行为，消除了农户以往生产随性较大、产品质量较低的问题。同时，通过扶贫公司的相应规范，逐步推动农户由传统小农向现代农民转变。

（2）借助扶贫公司生产资料、技术指导和信息服务，增强贫困农户产品质量，提升贫困地区产业竞争力。具体来说，一方面，扶贫公司在农户生产过程中统一为农户提供相应的高质量的生产资料，从源头上保障了农户产品的质量；另一方面，扶贫公司对农户生产的过程也进行相应的技术指导和信息服务，保证农户生产的规范性和科学性，在生产过程中保障了农户产品的质量。以上两个方面的因素，则有效增强了贫困农户产品的质量，也提升了贫困地区产业的竞争力水平。

（3）解决农户产品销售的问题，降低农户销售风险，推动农户稳定增收，调动农户生产积极性。如在下文塔什库尔干自治县塔合曼乡“牦牛订单生产”的典型案例中，利丰牦牛肉食品有限公司和正源集团通过与农户签订回购协议，对于农户饲养的合格的牦牛全部进行回购。这就有效解决了农户参与销售环节而面临的销售成本高、销售风险大的问题。消除了农户为了顺利销售产品而必须负担的市场信息搜集费用和产品交易费用，同时避免了因农户与市场信息不对称而引发的农户产品滞销的问题，保障了农户收入的稳定性，也有效调动了贫困农户生产的主动性和积极性。

（4）新技术、新成果、新产品的供应，推动贫困地区科技事业的快速发展。在扶贫企业与农户形成利益联结机制，参与到农户生产相关环节的过程中，为保障农户顺利开展生产活动和提升产品生产产量和质量，扶贫企业一般会为农户提供一定的新技术、新产品和新成果，农户对扶贫企业新技术、新产品和新成果的广泛应用和传播，则有效推动了贫困地区科技事业的快速发展。

（5）借助技术人员现场指导和扶贫企业的生产技术、经营管理知识培训，有效提升贫困农户生产技术和经营管理技能。如下文塔什库尔干自治县塔合曼乡“牦牛订单生产”的典型案例中，当地扶贫企业在牧民饲养牦牛的过程中，一方面选派技术人员对牧民生产过程进行现场指导；另一方面通过组织养殖培训班对牧民的生产技术和经营管理知识进行培训。扶贫企业的这些措施和手段在一定程度上提升了贫困农户的生产技术和经营管理技能。

4.3.5 公司带动的订单生产模式典型案例——塔什库尔干自治县塔合曼乡的牦牛订单生产①

塔合曼乡位于塔什库尔干自治区以北 32 公里处，与塔吉克斯坦共和国接壤，总面积 7351 平方公里，下辖萨热拉、白尕吾勒、拜什库尔干、喀依那尔四个行

① 资料来源：喀什塔什库尔干县扶贫办调研材料。

政村。塔合曼乡辖区海拔在 3024 米到 8163 米之间，沟壑纵横，土质贫瘠，不适宜农作物种植。同时，山峰与谷地交错，狂风、暴雨、暴雪、洪水等自然灾害频发，是当地的一个扶贫重点乡。2016 年初二次摸底，该乡建档立卡贫困户依然达到 464 户 1136 人，占塔合曼乡总人口的 21.7%。

与此同时，塔合曼河从塔合曼乡境内穿过，河两岸多沼泽地和优质天然牧场，地下水资源丰富，为当地发展畜牧业提供了得天独厚的优势。塔合曼乡政府在观察到辖区牧民均有饲养牦牛的传统，同时通过市场调查发现牦牛相关产品具有广阔的市场空间，就积极组织和引导辖区牧民饲养牦牛，拟将塔合曼乡打造成“牦牛之乡”。但在组织牧民饲养牦牛的过程中，工作人员逐步了解到由于塔合曼乡离产品市场较远，牧民出售牦牛极不方便，甚至每年在一些村庄都出现牦牛滞销的问题。特别是近些年，随着牧民牦牛养殖规模的扩大，牦牛滞销的问题也越来越严重。为了有效、彻底地解决这一问题，乡政府通过与驻村工作组和部分牧民反复沟通和协商，认为在牧民牦牛饲养的过程中引入龙头企业，通过订单生产的方式可以有效解决牧民牦牛销售的问题。因此，塔合曼乡通过多方努力，与塔什库尔干自治县牦牛生产加工企业利丰牦牛肉食品有限公司和深圳援疆企业正源集团建立合作关系，实现了牧民牦牛的订单生产。

目前，塔合曼乡牧民牦牛订单生产的方式主要是：政府组织牧民借助援疆资金、政府扶贫专项资金、扶贫小额贷款以及牧民自有资金向利丰牦牛肉加工有限公司或正源集团统一购买牦牛幼崽；利丰牦牛肉食品有限公司和正源集团则以低于市场的价格向牧民提供牦牛幼崽，并与牧民签订回购协议，对于贫困牧民饲养的合格的牦牛，按略高于市场的价格全部收购。同时，在牧民牦牛饲养过程中，龙头企业派技术人员对牧民生产进行现场指导，并组织养殖培训班等对当地牧民的生产技术、经营管理知识进行培训。

借助订单生产的方式，塔合曼乡有效解决了牧民牦牛滞销的问题，牦牛饲养的规模也得到了较大程度的扩张，牧民收入较以前显著增加。同时，由于解决了牧民牦牛销售的问题，牧民的饲养牦牛积极性也大幅度提升。

4.4　本章小结

本章着重调查了三地州贫困地区现有产业扶贫开发模式的类型，并系统梳理现有产业扶贫开发模式的内部结构。通过对三地州 20 余个贫困乡村的走访，归纳出当前三地州贫困地区在开展产业扶贫的过程中先后推出了“农户自营”模式、“农民专业合作社经营”模式、“公司带动的订单生产”模式三类相对成熟的产业扶贫开发模式类型。“农户自营”产业扶贫开发模式是指扶贫开发相关部门和组织提供一定资金、实物扶持和政策支持，贫困农户自主经营扶贫产业项目的一种产业扶贫开发模式。其具有在一定程度上减少扶贫资源漏出，发挥农户主观能动性，培育农户决策能力和生产技能等特点。农民专业合作社经营产业扶贫模式是以农民专业合作社为平台，由能人、大户引导，贫困农户参与，抱团经营、共同发展的一种产业扶贫开发模式。该模式具有在一定程度上降低生产风险和生产成本，培育农户的生产技术和发展能力，调动农户参与积极性和提高扶贫效率以及推动特色产业和特色产业基地形成等功能。公司在带动型产业扶贫模式中，目前应用最为广泛的为公司带动的订单生产模式。该模式的核心是扶贫企业与农户缔约订单协议，建立利益联结机制，展开生产合作，带动贫困农户脱贫致富。公司带动的订单生产产业扶贫模式的优势主要表现为可以有效地规避农户生产的盲目性，降低农户生产成本和生产风险，提高贫困农户产品质量，解决农户销售问题，提升农户生产技术和经营管理技能以及推动贫困地区科技事业快速发展等方面。

第5章　新疆连片特困区产业扶贫模式综合评价与分析

第4章的研究结果表明，目前三地州贫困地区在开展产业扶贫的过程中推出了“农户自营”产业扶贫开发模式、“农民专业合作社经营”产业扶贫开发模式以及“公司带动的订单生产”产业扶贫开发模式三种相对成熟的产业扶贫开发模式类型。那么，对于上述三类产业扶贫开发模式来说，其在三地州贫困地区产业扶贫开发进程中的运行状况如何？贫困农户对相应产业扶贫开发模式的认可度和满意度又如何？本章拟首先借助三地州部分贫困农户调研数据运用模糊综合评价法从农户认可度的视角对当前三地州现有产业扶贫开发模式进行综合评价；然后通过实地走访和对部分产业扶贫参与主体进行访谈，深入剖析三地州现有产业扶贫模式存在的问题以及存在问题的关键成因。

5.1　研究设计

5.1.1　调研设计

本章拟借助三地州部分贫困农牧民调研问卷数据，从农户认可度的视角评价三地州现有产业扶贫模式。问卷发放和回收工作由石河子大学经济与管理学院和石河子职业技术学院共计37名学生组成的课题调研团队①于2017年7～9月全面

---

① 调研团队中37位成员的家庭居住地均分布在本次调研的样本县，这不仅方便团队成员开展调研工作，也极大地降低了调研成本。

展开。为了保证调研过程的科学性和调研结果的精确性，在全面开展调查之前，一方面课题组对南疆三地州部分乡村贫困农牧民进行预调研，以检验调查问卷的效度和信度，同时根据贫困农户的反馈意见和建议，对调查问卷内容进行优化和完善；另一方面对课题组成员进行调研方法与技巧、调研注意事项、外出安全注意事项等相关知识和技能培训，保证课题组成员可以较好地胜任问卷发放、回收、整理等相关工作。在全面调研阶段，问卷发放工作严格按照调研之前设计的样本框展开，具体为将贫困人口较为集中的喀什地区的疏附、疏勒、麦盖提、英吉沙、伽师、巴楚，和田地区的和田县、民丰、策勒、于田，克州地区的阿图什、阿克陶、乌恰共计 13 个县（市）确定为本次调研的样本重点区域，调研以每个县抽取 3 个乡，每个乡抽取 4 个村，每个村随机抽取 5 户 2017 年建档立卡贫困户，每户调查 1 位户主的形式展开。本次调研共发放问卷 780 份，回收问卷 752 份，剔除无效问卷后，共获取有效问卷 714 份。三地州调研样本区域分布及问卷发放与回收情况如表 5－1 所示。本次问卷调查的内容包括贫困农户的基本信息、贫困农户贫困现状及致贫原因、贫困农户参与产业扶贫状况及农户对其采用的产业扶贫模式的综合评价以及产业扶贫模式缺陷及成因等方面的内容。

表 5－1　调研样本地区分布、问卷发放回收情况

地（州）	县（市）	样本乡（个）	样本村（个）	发放问卷（份）	有效问卷（份）	回收率（%）
喀什	疏附、疏勒、麦盖提、英吉沙、伽师、巴楚	18	72	360	324	90.0
和田	和田县、民丰、策勒、于田	12	48	240	219	91.3
克州	阿图什、阿克陶、乌恰	9	36	180	171	95.0
合计	13（个）	39	156	780	714	91.5

5.1.2　问卷信度、效度检验

在运用调查问卷数据对新疆连片特困区现有产业扶贫模式进行综合评价之前，需要对调查问卷的信度和效度进行检验，以保证研究结果的科学性和可靠性。其中，问卷信度主要检验调研结果的一致性，用以反映问卷的稳定性和可靠性，主要借助重测信度法、Cuttman 半分信度检测法和格朗巴赫 α 系数检测法三种方法进行检测；问卷效度则主要衡量调查问卷有效性和正确性，反映问卷是否能够准确测量出所测量事物特征，包括内容效度和结构效度两部分内容。本章首先借助格朗巴赫 α 系数检测法检验问卷内部一致性，问卷中产业扶贫模式综合评价部分的内部一致性 α 系数为 0.842，即问卷内部一致性较好，问卷使用价值相对较高①；然后借助探索性因子分析法检验问卷结构效应，问卷中产业扶贫模式综合评价部分 KMO 检验值为 0.865，即问卷结构效应也相对较好②。综合来看，本次调研所设计的调查问卷中新疆连片特困区产业扶贫模式综合评价部分信度和效度均相对较高，问卷可以较好地反映调查样本的相关信息，问卷具有较高的使用价值。

5.1.3　样本基本信息说明

根据表5－2的统计结果，调查样本中，男性比例为58.3%，女性比例为41.7%。这一比例与南疆三地州男性在家中起主导作用的传统家庭观念相匹配；73.6%的调查对象处于已婚状态，婚姻状况为未婚样本占19.1%，丧偶、离异样本合计占7.3%。年龄结构方面，以45岁以下中青年为主，占样本总数的近74.8%，其他年龄人群占样本总数的25.2%。家庭结构方面，家庭人口主要为5～7人，该部分群体占样本总数的44.1%。样本学历结构方面，初中及以下学历样本占样本总数的96.4%，调查样本不存在大专及以上文化层次贫困农户，符合三地州贫困农户文化层次普遍不高的现实情况。样本人均收入结构方面，收入在2300元以下的样本占样本总数的52.4%，2301～4000元的样本占样本总数的40.4%，4000元以上农户较少，合计仅占样本总数的7.0%，与《新疆调查年鉴》中贫困农户收入水平较低现实相符。对于样本收入来源，种养业收入占家庭主要收入来源的农户有77.3%，远高于务工、经商等作为主要家庭收入来源样本比例，与《新疆统计年鉴》显示三地州农牧民经营性收入依然占据核心地位相符。样本家庭耕地面积方面，家庭耕地面积普遍在10亩以下，这一层次样本占样本总数的79.0%。与《新疆维吾尔自治区南疆三地州片区区域发展与扶贫攻坚规划（2010～2020年）》中显示三地州农村地区人均耕地面积不足2亩的现实情况相一致。综合以上8方面信息，可以得出本次调研数据与三地州贫困农牧民基本分布结构相匹配，调研数据质量较高的结论。

---

① 柴辉《调查问卷设计中信度及效度检验方法研究》一文中指出，格朗巴哈 α 系数在0.8以上，即可认为调查问卷内部一致性较好，有较强的使用价值。

② Kaiser（1974）将问卷效度划分为四个层次，依次为0.9～1.0、0.8～0.9、0.7～0.8及0.7以下，对应的问卷效度为非常高、比较高、一般水平和较差水平。

表 5-2 调研样本基本信息统计

项目	类型	样本频数	样本频率
性别	男	416	58.3
	女	298	41.7
婚姻状况	已婚	526	73.6
	未婚	136	19.0
	其他（丧偶、离异等）	52	7.3
家庭人口数	3 人以下	94	13.1
	3~5 人	177	24.8
	5~7 人	315	44.1
	7~9 人	92	12.9
	9 人以上	36	5.5
家庭耕地面积	5 亩以下	282	39.4
	5~10 亩	283	39.6
	10~15 亩	68	9.5
	15~20 亩	44	6.2
	20 亩以上	37	5.2
年龄分布	25 岁以下	126	17.6
	26~35 岁	215	30.1
	36~45 岁	193	27.0
	46~55 岁	153	21.4
	56 岁以上	27	3.8
学历水平	小学及以下	173	24.2
	初中	516	72.2
	高中（中专）	25	3.6
	大专	0	0.0
	本科及以上	0	0.0
家庭收入来源	种养业	553	77.3
	务工	90	12.6
	经商收入	40	5.6
	政府补贴	18	2.5
	其他	14	2.0
人均收入水平	0~2300 元	375	52.4
	2301~4000 元	289	40.4
	4001~6000 元	50	7.0
	6001~8000 元	0	0.0
	8001 元以上	0	0.0

5.1.4 贫困农户参与产业扶贫模式类型划分

根据调查问卷结果，一方面贫困地区产业扶贫工作并未对贫困群体全覆盖，部分贫困农户并未被纳入产业扶贫开发工作当中。在 714 位被调查贫困农户中，仅 657 位贫困农户表示，当地扶贫部门针对其贫困状况开展了产业扶贫。另一方面扶贫部门开展产业扶贫，一般以“一品为主，多品结合”，往往设计和推出多种类型的产业扶贫项目。与此同时，不同村庄或相同村庄不同类型产业扶贫项目，当地扶贫部门推出的产业扶贫模式类型也往往存在明显的差异，即贫困农户参与的产业扶贫模式很多时候并不是唯一的。问卷数据表明，在 657 位被纳入产业扶贫工作的贫困农户中，表示通过“农户自营”产业扶贫开发模式开展生产的贫困农户为 413 户；表示通过“农民专业合作社经营”产业扶贫开发模式开展生产的贫困农户为 246 户；表示通过与公司签订订单协议，开展订单生产的贫困农户为 57 户。三地州各类型产业扶贫开发模式覆盖的贫困农户规模的基本情况如表 5－3 所示。

表 5－3 农户参与产业扶贫模式类型划分

模式类型	参与频数	占产业扶贫样本比重（%）	占样本总量比重（%）
农户自营	413	62.86	57.84
农民专业合作社经营	246	37.44	34.45
公司带动的订单生产	57	8.68	7.98

5.2 新疆连片特困区产业扶贫模式综合评价的实证分析

5.2.1 指标体系构建

根据前文的研究结论，产业扶贫模式普遍被理解为引导贫困农户发展生产具体方式和做法。然而目前对于产业扶贫模式综合评价的研究，较少有学者专门涉猎，也未形成相对成熟、系统的评价指标体系。目前，国内外学者对于扶贫模式的综合评价，主要从其扶贫效果的维度展开，一般涉及经济、社会、生态等相关层面的指标（康亮，2010；祝汉顺，2013）。笔者认为对扶贫模式进行综合评价，其扶贫效果是其中最核心、最重要的，但并非是唯一绝对的指标。对于扶贫模式的综合评价除了要考虑贫困农户从该扶贫模式中获得的利益回报，扶贫模式是否与贫困农户基础条件和发展诉求相匹配，能否最大限度地激发农户的参与热情和积极性；扶贫模式能否有效提升扶贫资源的利用效率也是扶贫模式综合评价过程中应当着重考虑的。因此，本书借鉴舒银燕（2014）对石漠化连片特困区农业产业扶贫模式综合评价的相关研究，从产业扶贫模式的适用性、产业扶贫模式的效果、产业扶贫模式的效率三个维度构建新疆连片特困区产业扶贫模式综合评价指标体系。在通过访谈扶贫、产业扶贫方面的专家和三地州扶贫开发一线工作人员，以及大量阅读产业扶贫相关资料的基础上，结合评价指标体系构建整体性、科学性、代表性以及可比性和可操作性相关原则，甄选产业扶贫模式综合评价三个维度的具体指标。新疆连片特困区产业扶贫模式综合评价指标体系及具体评价指标如表5－4所示。

表5－4　新疆连片特困区产业扶贫模式综合评价指标体系

系统层	一级指标	二级指标	指标说明	属性	权重
产业扶贫模式综合评价指标体系	适用性评价（U1）0.300	解决农户发展生产困境（a1）	扶贫模式是否显著解决您发展生产的困境：非常不显著1－2－3－4－5非常显著	+	0.464
		满足农户发展诉求（a2）	扶贫模式是否显著解决您发展生产技术的困境：非常不显著1－2－3－4－5非常显著	+	0.214
		平衡农户与其他参与主体利益关系（a3）	扶贫模式是否显著解决您发展生产市场的困境：非常不显著1－2－3－4－5非常显著	+	0.107
		调动农户参与积极性（a4）	扶贫模式是否显著调动您参与积极性：非常不显著1－2－3－4－5非常显著	+	0.214
	扶贫效果评价（U2）0.500	收入增加状况（a5）	扶贫模式增加您收入的幅度：非常不显著1－2－3－4－5非常显著	+	0.185
		收入稳定性状况（a6）	扶贫模式提升您收入稳定性：非常不显著1－2－3－4－5非常显著	+	0.111
		生产观念转变状况（a7）	扶贫模式转变您生产观念：非常不显著1－2－3－4－5非常显著	+	0.185
		生产技能提升状况（a8）	扶贫模式提升您生产技能：非常不显著1－2－3－4－5非常显著	+	0.185
		新科技（新品种）传播状况（a9）	扶贫模式推动新技术（新品种）在农村推广：非常不显著1－2－3－4－5非常显著	+	0.111
		产业竞争力提升状况（a10）	扶贫模式提升产业竞争力：非常不显著1－2－3－4－5非常显著	+	0.148
		环境改善状况（a11）	扶贫模式改善村庄生态环境状况：非常不显著1－2－3－4－5非常显著	+	0.074
	扶贫效率评价（U3）0.200	扶贫资源利用效率（a12）	扶贫模式提升扶贫资源利用效率状况：非常不显著1－2－3－4－5非常显著	+	0.500
		农户自有资本、要素利用效率（a13）	扶贫模式提升农户自有资本、要素利用效率状况：非常不显著1－2－3－4－5非常显著	+	0.500

首先，对于产业扶贫模式的适用性。着重考察该类型产业扶贫模式能否有效解决贫困农户发展生产过程中面临的资金、技术和市场短缺等发展生产困境问题，能否有效满足贫困农户的发展诉求，能否有效激发贫困农户的参与热情和积极性以及能否有效平衡农户与其他产业扶贫参与主体的利益等。本书对于产业扶贫模式适用性的评价采用解决农户发展生产困境状况（a1）、满足农户发展诉求状况（a2）、平衡农户与其他参与主体利益关系状况（a3）、调动农户参与积极性状况（a4）4个指标进行衡量。

其次，对于产业扶贫模式的效果。产业扶贫模式的扶贫效果参考国内外学者对扶贫模式效果的评价，从经济、社会、生态三个维度进行构建。具体的评价指标为：收入增加状况（a5）、收入稳定性状况（a6）、生产观念转变状况（a7）、生产技能提升状况（a8）、新科技（新品种）传播状况（a9）、产业竞争力提升状况（a10）、环境改善状况（a11）。

最后，对于产业扶贫模式的效率。重点考察该类型产业扶贫模式是否可以将扶贫资源公平、有效地传递给贫困农户，以及贫困农户的自有资本要素是否也被最大限度地开发和利用。对于产业扶贫模式效率相关评价指标的甄选，本书拟从扶贫资源利用效率状况（a12）以及农户自有生产资本、要素利用效率状况（a13）2个维度进行构建。

5.2.2 方法选择——模糊综合评价法

因模糊综合评价法可以根据模糊数学的隶属度理论把定性评价转化为定量评价，提高评价结果的系统性和清晰度，本书采用模糊综合评价法对新疆连片特困区产业扶贫模式进行综合评价。

（1）确定因素集 U。

因素集一般包括两级：一级因素集：$U\{U_1, U_2, U_3, \cdots, U_n\}$，表示一级指标层共有 n 个指标需要评价，且一级指标对应的权重集为 $A\{A_1, A_2, A_3, \cdots, A_n\}$；二级因素集 $U_i\{a_1, a_2, a_3, \cdots, a_k\}$，其中 $i=1, 2, 3, \cdots, n$ 表示每一个一级因素集包含 k 个二级指标需要评价，相对应的权重集为 $A_i\{a_1, a_2, a_3, \cdots, a_k\}$。

（2）建立模糊评价集合分数标度集。

建立产业扶贫模式综合评价等级集合 $V=\{V_1, V_2, V_3, V_4, V_5\}$，其中评价标度依次为{非常不认可，不认可，一般，认可，非常认可}。

（3）建立模糊评价矩阵。

$$R_i=\begin{bmatrix} r_{11} & r_{12} & r_{13} & r_{14} & r_{15} \\ r_{21} & r_{22} & r_{23} & r_{24} & r_{25} \\ \vdots & \vdots & \vdots & \vdots & \vdots \\ r_{k1} & r_{k2} & r_{k3} & r_{k4} & r_{k5} \end{bmatrix} \quad (5-1)$$

且

$$r_{kj}=\frac{w_{kj}}{\sum_{j=1}^{5} w_{kj}}\ (j=1,\ 2,\ 3,\ 4,\ 5) \quad (5-2)$$

式中，w_{kj}代表每个二级因素所含指标分别获得“非常不显著”“不显著”“一般”“显著”“非常显著”的评语数。

（4）模糊综合评价。

首先，对每一个二级因素做综合评价：

$$B_i=A_i\times R_i \quad (5-3)$$

其中，R_i 代表二级因素各自的 R 矩阵，A_i 为相对应的权重。

当 $\sum_{i=1}^{n} B_i\neq 1$，可进行归一化处理，即令：

$$B_i=\frac{B_i}{\sum_{i=1}^{n} B_i} \quad (5-4)$$

其次，对一级因素集做综合评价。

模糊综合评价模型为：

$$B=AB_i=A\begin{bmatrix} B_1 \\ B_2 \\ \vdots \\ B_i \end{bmatrix}=A\begin{bmatrix} A_1\times R_1 \\ A_2\times R_2 \\ \vdots \\ A_i\times R_i \end{bmatrix}=(\bar{B}_1,\ \bar{B}_2,\ \bar{B}_3,\ \bar{B}_4,\ \bar{B}_5) \quad (5-5)$$

5.2.3 权重设置

当前，关于评价指标体系权重分配的方法主要有德尔菲法、熵权法和层次分析法。层次分析法可以将主观判断和实践经验导入模型，进行量化处理，提高了决策过程的系统性和科学性（赵保卿、李娜，2013）。因此，本书采用层次分析法（AHP）对新疆连片特困区产业扶贫模式综合评价指标体系中各指标权重进行设置。具体步骤如下：①邀请 20 位南疆三地州扶贫一线工作人员[①]对评价指标体系中各层次评价指标相对重要程度进行评价[②]；②将评价结果与上述 20 位扶贫一线工作人员进行多次反馈和沟通，最终确定 20 位扶贫一线工作人员均认可的评价结果；③根据评价结果构建判断矩阵，计算评价指标体系中各指标权重，并对各指标权重进行一致性检验。

根据层次分析的评价结果（见表 5 -4），首先，对于产业扶贫模式综合评价指标体系中的三个一级指标，一级指标中产业扶贫模式适用性（U1）、产业扶贫模式效果（U2）、产业扶贫模式效率（U3）三个指标对应的权重依次为 0. 300、0. 500 和 0. 200，同时其对应的一致性比率（CR）为 0. 00022，小于 0. 1 的临界值，即指标体系中的一级指标设置相对科学。其次，对于产业扶贫模式综合评价的二级指标，产业扶贫模式适用性四个指标对应的权重依次为 0. 464、0. 214、0. 107 和 0. 214，产业扶贫模式扶贫效果七个指标对应的权重依次为 0. 185、0. 111、0. 185、0. 185、0. 111、0. 148 和 0. 074，产业扶贫模式扶贫效率两个指标对应的权重分别为 0. 500 和 0. 5000。同时，二级指标权重对应的一致性比率（CR）分别为 0. 0000515、0. 00083167 和 0. 000，也均小于 0. 1 的临界值，即二级指标权重的设置也相对科学。

5. 2. 4 新疆连片特困区产业扶贫模式综合评价

根据前文问卷调查的结果，目前有 413 位贫困农户表示其通过“农户自营”模式发展生产，246 位贫困农户表示其通过“农民专业合作社经营”方式发展生产，57 位贫困农户表示其通过与公司签订订单协议发展生产。因此，接下来本书拟运用各产业扶贫开发模式对应贫困农户的产业扶贫模式综合评价结果对新疆连片特困区现有各产业扶贫开发模式进行综合评价与分析。

---

① 扶贫工作人员主要为：乡级扶贫专干、村委会扶贫工作人员、驻村工作组人员、大学生村官以及科技特派员等，参与扶贫周期一般为 1 年以上。

② 1 = 两个因素一样重要，3 = 一个因素比另一个因素略重要，5 = 一个因素比另一个因素明显重要，7 = 一个因素比另一个因素强烈重要，9 = 一个因素比另一个因素极端重要，2、4、6、8 = 上述相邻判断的中间值。

5.2.4.1 “农户自营”模式综合评价

（1）构建模糊综合评价矩阵（R 矩阵）。

$$R_1=\begin{bmatrix}0.108 & 0.108 & 0.463 & 0.219 & 0.032\\ 0.227 & 0.420 & 0.233 & 0.120 & 0.000\\ 0.240 & 0.355 & 0.300 & 0.078 & 0.027\\ 0.178 & 0.283 & 0.447 & 0.049 & 0.043\end{bmatrix}$$

$$R_2=\begin{bmatrix}0.143 & 0.253 & 0.452 & 0.097 & 0.055\\ 0.272 & 0.374 & 0.311 & 0.043 & 0.000\\ \vdots & \vdots & \vdots & \vdots & \vdots\\ 0.326 & 0.344 & 0.298 & 0.032 & 0.000\end{bmatrix}$$

$$R_3=\begin{bmatrix}0.283 & 0.419 & 0.253 & 0.046 & 0.000\\ 0.254 & 0.432 & 0.286 & 0.024 & 0.003\end{bmatrix}$$

（2）模糊综合评价。

$$B_1=W_1\times R_1=(0.163\quad 0.272\quad 0.392\quad 0.146\quad 0.027)$$

$$B_2=W_2\times R_2=(0.242\quad 0.316\quad 0.341\quad 0.085\quad 0.016)$$

$$B_3=W_3\times R_3=(0.269\quad 0.425\quad 0.269\quad 0.035\quad 0.002)$$

$$B=W\times(B_1B_2B_3)^T=(0.223\quad 0.325\quad 0.342\quad 0.093\quad 0.016)^T$$

（3）计算结果。

$$V=\begin{bmatrix}B_1\\ B_2\\ B_3\\ B\end{bmatrix}\times\begin{bmatrix}1\\ 2\\ 3\\ 4\\ 5\end{bmatrix}=(2.604\quad 2.314\quad 2.075\quad 2.353)$$

5.2.4.2 “农民专业合作社经营”模式综合评价

（1）构建模糊综合评价矩阵。

$$R_1=\begin{bmatrix}0.116 & 0.170 & 0.370 & 0.222 & 0.122\\ 0.072 & 0.157 & 0.263 & 0.419 & 0.090\\ 0.078 & 0.174 & 0.222 & 0.454 & 0.073\\ 0.018 & 0.043 & 0.113 & 0.464 & 0.362\end{bmatrix}$$

$$R_2=\begin{bmatrix}0.111 & 0.218 & 0.452 & 0.146 & 0.073\\ 0.062 & 0.135 & 0.314 & 0.402 & 0.087\\ \vdots & \vdots & \vdots & \vdots & \vdots\\ 0.163 & 0.192 & 0.297 & 0.269 & 0.079\end{bmatrix}$$

$$R_3 = \begin{bmatrix} 0.161 & 0.170 & 0.312 & 0.234 & 0.122 \\ 0.157 & 0.184 & 0.303 & 0.216 & 0.140 \end{bmatrix}$$

（2）模糊综合评价。

$B_1 = W_1 \times R_1 = (0.081 \quad 0.140 \quad 0.276 \quad 0.341 \quad 0.161)$

$B_2 = W_2 \times R_2 = (0.118 \quad 0.190 \quad 0.343 \quad 0.241 \quad 0.108)$

$B_3 = W_3 \times R_3 = (0.159 \quad 0.177 \quad 0.307 \quad 0.225 \quad 0.131)$

$B = W \times (B_1 B_2 B_3)^T = (0.115 \quad 0.172 \quad 0.316 \quad 0.268 \quad 0.128)^T$

（3）计算结果。

$$V = \begin{bmatrix} B_1 \\ B_2 \\ B_3 \\ B \end{bmatrix} \times \begin{bmatrix} 1 \\ 2 \\ 3 \\ 4 \\ 5 \end{bmatrix} = (3.357 \quad 3.028 \quad 2.992 \quad 3.119)$$

5.2.4.3 “公司带动的订单生产”模式综合评价

（1）构建模糊综合评价矩阵。

$$R_1 = \begin{bmatrix} 0.047 & 0.158 & 0.312 & 0.315 & 0.167 \\ 0.049 & 0.100 & 0.207 & 0.346 & 0.298 \\ 0.032 & 0.113 & 0.193 & 0.393 & 0.269 \\ 0.072 & 0.139 & 0.158 & 0.479 & 0.154 \end{bmatrix}$$

$$R_2 = \begin{bmatrix} 0.102 & 0.231? & 0.358 & 0.166 & 0.143 \\ 0.050 & 0.078 & 0.212 & 0.338 & 0.338 \\ \vdots & \vdots & \vdots & \vdots & \vdots \\ 0.097 & 0.126 & 0.311 & 0.304 & 0.177 \end{bmatrix}$$

$$R_3 = \begin{bmatrix} 0.120 & 0.125 & 0.312 & 0.231 & 0.212 \\ 0.100 & 0.139 & 0.318 & 0.233 & 0.210 \end{bmatrix}$$

（2）模糊综合评价。

$B_1 = W_1 \times R_1 = (0.137 \quad 0.244 \quad 0.365 \quad 0.203 \quad 0.200)$

$B_2 = W_2 \times R_2 = (0.059 \quad 0.118 \quad 0.270 \quad 0.287 \quad 0.266)$

$B_3 = W_3 \times R_3 = (0.110 \quad 0.132 \quad 0.315 \quad 0.232 \quad 0.211)$

$B = W \times (B_1 B_2 B_3)^T = (0.093 \quad 0.158 \quad 0.308 \quad 0.251 \quad 0.235)^T$

（3）计算结果。

$$V=\begin{bmatrix}B_1\\B_2\\B_3\\B\end{bmatrix}\times\begin{bmatrix}1\\2\\3\\4\\5\end{bmatrix}=(3.530\quad 3.582\quad 3.301\quad 3.510)$$

5.2.5 新疆连片特困区产业扶贫模式综合评价结果及分析

对前文的计算结果进行整理，分别得到新疆连片特困区“农户自营”模式、“农民专业合作社经营”模式、“公司带动的订单生产”模式三类产业扶贫开发模式的综合评价指数，具体如表5－5所示。

表5－5 新疆连片特困区产业扶贫模式综合评价结果

变量模式类型	农户自营	专业合作社经营	公司带动的订单生产
解决农户发展生产困境（a1）	2.895	3.064	3.397
满足农户发展诉求（a2）	2.247	3.298	3.755
平衡农户与其他参与主体利益关系（a3）	2.297	3.271	3.744
调动农户参与积极性（a4）	2.495	4.110	3.510
产业扶贫模式适用性评价结果（B1）	2.604	3.357	3.530
收入增加状况（a5）	2.668	2.852	3.017
收入稳定性状况（a6）	2.123	3.315	3.881
生产观念转变状况（a7）	2.186	3.248	3.705
生产技能提升状况（a8）	2.230	3.189	3.817
新科技（新品种）传播状况（a9）	2.059	2.475	3.737
产业竞争力提升状况（a10）	2.626	3.049	3.626
环境改善状况（a11）	2.037	2.910	3.382
产业扶贫模式效果评价结果（B2）	2.314	3.028	3.582
扶贫资源利用效率（a12）	2.061	2.985	3.289
农户自有资本、要素利用效率（a13）	2.090	2.998	3.314
产业扶贫模式效率评价结果（B3）	2.075	2.992	3.301
产业扶贫模式综合评价结果（B）	2.353	3.119	3.510

5.2.5.1 “农户自营”模式综合评价结果分析

贫困农户对“农户自营”产业扶贫开发模式的综合评价指数为2.353，介于不认可水平（2.0）与一般水平（3.0）之间，同时靠近不认可水平。“农户自营”产业扶贫开发模式的3个一级指标的评价指数分别为2.604、2.314和2.075，与“农户自营”产业扶贫模式综合评价指数相似，也介于不认可水平与一般水平之间，靠近不认可水平。进一步分析“农户自营”产业扶贫开发模式综合评价的细分指标，解决农户发展生产困境状况（a1）的农户评价得分最高，为2.895，接近一般水平。但其他评价指标的农户评价得分则普遍在不认可水平上下徘徊，与一般水平依然存在较大差距。综合来看，对于“农户自营”产业扶贫开发模式，其无论在农户适用性方面，还是扶贫效果方面，抑或在扶贫效率方面，贫困农户对其认可度和满意度均比较低。因此，笔者认为在三地州后续的产业扶贫开发过程中，应当逐步摒弃“农户自营”的产业扶贫开发模式。

5.2.5.2 “农民专业合作社经营”模式综合评价结果分析

“农民专业合作社经营”产业扶贫开发模式的农户综合评价指数为3.119，虽然明显优于“农户自营”模式，但也仅仅略高于一般水平（3.0），与认可水平（4.0）和非常认可水平（5.0）依然存在较大差距。“农民专业合作社经营”产业扶贫模式对应的3个一级指标中，产业扶贫模式适用性（B1）的综合评价得分最高，为3.357。产业扶贫模式效果（B2）和产业扶贫模式效率（B3）两个指标的综合评价得分，则在一般水平上下徘徊。同时，“农民专业合作社经营”产业扶贫模式细分评价指标的农户评价得分，多数情况下与产业扶贫模式效果（B2）和产业扶贫模式效率（B3）两个一级指标综合评价指数相似，也多在一般水平上下徘徊。综合来看，“农民专业合作社经营”产业扶贫模式在农户适用性、扶贫效果、扶贫效率等方面虽然均明显优于“农户自营”模式，但离人们的预期依然存在较大距离。因此，笔者认为，通过构建村级农民专业合作经济组织来引导和组织农户发展生产，总体来看，目前对于贫困农户来说，并非是最适用、最精准的。“农民专业合作社经营”产业扶贫模式适用性（B1）下的调动农户参与积极性状况指标（a4）的农户评价得分达到4.110，超过认可水平，即贫困农户对“农民专业合作社经营”产业扶贫模式调动其生产积极性的作用认可度较高。“农民专业合作社经营”产业扶贫模式彰显出来的农民通过建立合作关系、开展抱团合作经营的生产方式是当前贫困农户普遍认可和倾向的一种生产经营方式。因此，引导、组织贫困农户通过合作经营的方式开展生产可以在南疆三地州贫困农户产业扶贫进程中，在生产的相关环节给予保留。

5.2.5.3 “公司带动的订单生产”模式综合评价结果分析

“公司带动的订单生产”产业扶贫开发模式的农户综合评价得分为3.510，对应的3个一级指标的综合评价得分也分别达到3.530、3.582和3.301。此外，

“公司带动的订单生产”产业扶贫开发模式综合评价的细分指标得分也多在一般与认可的中值水平（3.5）以上。“公司带动的订单生产”产业扶贫开发模式明显优于“农户自营”模式和“农民专业合作社经营”模式，是目前三地州现有产业扶贫开发模式中农户认可度和满意度最高的一类产业扶贫开发模式类型。但遗憾的是，该类产业扶贫模式目前也依然未达到人们预期的理想状况，其综合评价值与认可（4.0）和非常认可（5.0）水平尚存在一定距离。同时，解决农户生产困境状况（a1）、调动农户参与积极性状况（a4）、收入增加状况（a5）、环境改善状况（a11）、扶贫资源利用效率（a12）、农户自有资本要素利用效率（a13）等细分评价指标的农户评价得分普遍较低，而满足农户发展诉求（a2）、收入稳定性状况（a6）等细分评价指标的农户评价得分虽然分别达到了3.755和3.881，但其依然与认可（4.0）和非常认可（5.0）水平存在一定的差距，尚未达到人们的预期。但无论如何，公司带动的产业扶贫开发模式的农户综合评价结果是最高的，扶贫公司所具备的资金、技术、市场等方面的优势也是农户自身和以村中能人、大户为“领导者”的专业合作经济组织所无法企及的。因此，在三地州贫困地区产业扶贫的过程中，坚持将扶贫公司引入产业扶贫开发活动当中，通过公司带动的方式开展产业扶贫，是三地州贫困地区后续开展产业扶贫中应重点关注的方向。

5.3 新疆连片特困区产业扶贫模式存在的问题

前文的研究结果表明，贫困农户对三地州现有三类产业扶贫开发模式的满意度和认可度均未达到人们的预期。三地州贫困地区的产业扶贫模式均存在一定的问题。下文则着重对新疆连片特困区现有产业扶贫模式存在的问题进行系统、深入的剖析。

5.3.1 农户自营模式存在的问题

通过对疏附县、疏勒县以及和田县部分贫困村庄进行走访以及与当地部分贫困农户进行访谈，归纳出通过农户自营的方式发展产业项目，存在的问题主要表现在以下几个方面：

（1）贫困农户产业扶贫项目选择盲目性问题较为突出。具体来说，一方面由于三地州贫困地区居民居住地普遍远离城镇，且居住地的交通水平和信息化水平也普遍较低，这就使贫困农户较少有机会接触到产品市场，也很难准确把握产品市场的供需变化情况和趋势；另一方面贫困农户文化水平普遍偏低，缺乏对市场变化的基本判断能力和产品生产的基本决策能力。以上两点原因，就使贫困农户在选择产业扶贫项目时往往依据以往的生产经验和周围亲朋邻居的生产决策来对自己的生产经营产品类型进行决策。生产决策盲目性凸显，农户跟风现象严重，产品同质化问题突出。如在对疏附县乌帕尔镇拜什巴格村部分农户走访中发现，村庄大部分农户都饲养牛、羊和种植核桃，其他类型产业相对较少。

（2）产品产量低、质量差，且附加值低。具体来说，一方面由于贫困农户家庭生产工具原始落后，生产机械化水平较低；另一方面由于农户文化水平偏低，生产技能和经验匮乏。这就造成农户生产产品的产量普遍较低，且产品质量相对较差。同时，由于农户市场意识匮乏，产品普遍以原材料的形式出售，产品加工水平低，技术附加值明显不高。

（3）销售不畅、销售成本较高，农户生产经营风险明显。具体来说，由于贫困农户普遍远离产品市场，与销售商、经营商打交道的机会较少。这就使贫困农户在销售产品时，不得不付出更多的信息搜寻成本和交易费用，在无形中增加了农户的销售成本，同时也会在一定程度上造成产品滞销的问题，给农户生产经营带来较大的市场风险。如近年来南疆地区红枣的滞销问题，折射出农户自营、自销的生产方式在农户产品销售中存在的弊端。

（4）产品销售价格极易被人为压低，产品经济溢出效应减弱。由于农户以“自营、自销”的方式开展产品生产活动，这就使贫困农户在销售产品时，不得不独立面对经济实力较强的销售商和经营商，农户的议价能力与他们相比相对较弱，农户的产品销售价格极有可能被销售商和经营商人为压低，产品的经济溢出效应减弱，发展生产对农户增收的带动效应也大打折扣。

（5）生产规模化和机械化程度偏低，扶贫资源利用率差。农户自营的产业生产经营方式决定了农户只能利用扶贫资金，以家庭为基本生产单位“分散性”地开展生产活动。农户“分散性”的生产方式必然造成生产资料的碎片化，这也就造成产业发展规模化水平偏低的问题，并且通过大型机械开展生产，带来了诸多的障碍和弊端，降低了产品生产的机械化水平。因产品生产规模化和机械化程度均偏低，降低了产业发展的效率以及扶贫资源的利用效率。

5.3.2 农民专业合作社经营模式存在的问题

农民专业合作社经营产业扶贫实践模式虽然在推动贫困地区产业扶贫中与农户自营相比具有明显的优势，但该模式依然存在明显的问题和缺陷。通过对三地州部分专业合作社、合作专业协会、专业技术协会等农民专业合作组织进行走访，梳理出当前通过农民专业合作社发展生产和开展扶贫，主要存在以下几个方面的缺陷：

（1）农民专业合作社中复合型人才欠缺，无法帮助农户完全规避市场风险。就目前南疆三地州农民专业合作社人员构成来看，农民专业合作社主要由村庄中的大户、能人带动农户开展生产活动。合作组织中既懂技术，又会经营，同时市场开拓能力又强的复合型人才则严重匮乏。合作组织中的能人、大户虽然在生产技能和经验、销售渠道和资源等方面与普通农户相比具有一定的优势，但其依然普遍存在文化素质偏低、市场经营和管理知识匮乏、适应市场经济的意识和能力不强的问题。这就造成农民专业合作社无法时刻准确把握市场变化，也无法总是按照市场的变化趋势制定生产决策与规划以及开展生产活动等，农户生产活动也不可避免地时常遭遇各种经营风险的问题。在对疏勒县英尔力克乡万家福工艺农民专业合作社进行调研中就观察到了这一问题。如万家福工艺农民专业合作社是一家以生产民族拱门为主营产品的村级合作社，由当地生产大户努尔买买提·阿布拉带领28位贫困户共同建立，农户统一生产，并依托生产大户的销售渠道进行统一销售。但在调查中发现，随着合作社生产规模的扩大，生产大户的销售渠道逐渐饱和，产品经常出现滞销的现象。

（2）农户生产能力良莠不齐，且生产过程缺乏有效监督，产品质量层次不高，缺乏市场竞争力。一方面，农民专业合作社虽然为贫困农户提供一定的技术指导和技能培训，但由于贫困农户文化程度和学习能力差异悬殊，农户对生产技术的接受和掌握水平也存在较大差异，这就造成农户的生产能力良莠不齐。另一方面，虽然统一组织农户生产，并在生产过程中统一为贫困农户提供生产资料、技术指导和信息服务。但由于在生产过程中，贫困农户的机会主义行为和“搭便车”行为，以及农民专业合作社对农户的生产过程缺乏有效的监督，造成农户生产随意性较强。以上两方面的原因致使当前农民专业合作社生产出来的产品层次不高，在产品市场上竞争力不足，对农户增收的带动作用大打折扣。

（3）农民专业合作社规模小，资金欠缺，服务层次低。由于当前农民专业合作社普遍存在规模小、资金不足的问题，使农民专业合作社没有足够的实力延长其服务和生产链条。根据调查，目前农民专业合作社服务主要停留在产品的生产和基础产品的销售等相关环节，涉及产品深加工、储运、品牌建设等的则相对较少。农民专业合作社销售的产业普遍以原材料和基础产品为主，加工制成品较少，产品的技术和资本附加值较低，给农户带来的经济效益也在一定程度上被削减。

5.3.3　公司带动的订单生产模式存在的问题

扶贫公司带动型的产业扶贫模式虽然在解决贫困农户生产、销售问题，推动贫困地区产业发展、降低贫困农户贫困水平等方面具有得天独厚的优势和显著的作用，但扶贫公司与贫困农户直接对接的订单生产型的扶贫方式，其缺陷也是显而易见的。当前，“公司带动的订单生产”产业扶贫模式的缺陷主要体现在以下几个方面：

（1）公司与农户地位不对等，农户在交易中处于弱势地位，公司挤占农户利益的行为时有发生。在三地州扶贫公司带动的产业扶贫模式中，普遍以“公司+农户”的形式呈现，即扶贫公司直接对接农户，缔约协议关系，建立利益联结机制，开展合作。但从扶贫公司和贫困农户在交易中的地位来看，扶贫公司普遍规模较大，组织结构、市场运营体系较为完善，经济实力也相对雄厚，并具备较强的市场意识和决策能力，在与农户交易的过程中往往处于优势地位；而贫困农户往往分散经营，生产规模小，资金、技术力量薄弱，同时远离市场，无法及时掌握和判断市场形势变化，在与扶贫公司合作和交易的过程中常常处于劣势地位。扶贫公司与农户在交易中的地位不对等，使以追求利润最大化为目标的扶贫公司在与农户签订缔约协议的过程中常常通过故意压低产品价格和将风险过渡转移给农户等形式，挤占贫困农户的正常利益。虽然近年来扶贫部门和“访惠聚”工作人员加大了对扶贫公司的甄选和监管的力度，但农户处于弱势地位的现状依然没有改变，公司“挤占”农户利益的现象依然时有发生。如在塔合曼乡扶贫企业与牧民牦牛订单生产协议中，其协议合同由扶贫企业直接拟订，农户极少有机会参与协议合同的拟订当中，农户仅仅处于被动接受条款的地位。同时，在“牦牛订单”协议合同中，只规定了农户违约行为的处罚条款，而对扶贫企业违约的处罚的相关规定却只字未提。

（2）公司与农户合作关系稳定性较差，双方违约行为时有发生。在当前扶贫公司带动农户发展特色产业，开展产业扶贫，普遍以扶贫公司与农户签订一个固定的协议价格的方式展开。但由于产品生产的周期较长，使农户和扶贫企业均无法准确判断产品未来的价格。一旦产品的市场价格与农户和公司之间的协议价格相背离，农户和扶贫企业均有可能发生违约行为。如当产品的市场价格高于农户和公司之间的协议价格时，农户为了获得更多的收益，就有可能产生道德风险，选择违约，不把产品销售给扶贫企业；而当产品的市场价格低于农户和公司之间的协议价格时，扶贫企业为了使自身利润最大化，也有可能选择对农户违约，不收购农户生产的产品。

（3）贫困农户以出售原材料和初级加工品获得收益，扶贫资源利用率不高，贫困农户增收幅度有限。根据新疆连片特困区公司带动的订单生产产业扶贫开发模式的运行机制来看，目前，三地州公司带动的订单生产模式的运行普遍为贫困农户与扶贫公司企业以一定的销售价格签订订单协议，贫困农户将其生产出来的产品按照订单协议的要求和规定，销售给扶贫公司。在整个扶贫模式的运行过程中，贫困农户依然停滞在产品的生产环节，以原材料和初级加工品销售的方式来获得利润回报；而在通常经济溢出效益更高的产品加工、流通、销售等相关环节，对于贫困农户来说，则尚没有参与其中，也无机会和渠道分享产品加工、流通、销售等相关环节的利润回报。这也就必然造成扶贫资源和贫困农牧民自有资本和要素投入产出比偏低、资源利用效率不高的问题，以及贫困农牧民增收幅度有限的问题。

（4）扶贫公司对农户的帮扶更多体现在销售环节，生产环节的帮扶农户认可度明显不足。在对三地州部分通过与扶贫公司签订订单协议、发展生产的贫困农户的走访中发现，在“公司带动的订单生产”产业扶贫开发模式中，扶贫公司将更多的关注重点放在销售环节；而在贫困农户的生产环节，扶贫公司虽然一般也会选派一定的技术人员对农户的生产过程进行相应的技术指导和监督，但往往以抽查的方式展开，其帮扶力度远不及销售。这也就造成了贫困农户对该类型产业扶贫模式在生产环节帮扶认可度不高的问题。

（5）公司与农户利益联结机制松散，农户“搭便车”行为凸显，生产的随意性较大。在公司带动的订单生产模式中，贫困农户与公司之间通过签订订单协议，建立松散的利益联结机制，展开合作。在该合作关系中，贫困农户往往为了获得更高的短期收益或减少成本投入，往往不按照订单的要求开展生产活动，生产的随意性较大。如笔者在疏附县英尔力克乡艾其库其村的调研中就发现，该村部分贫困农户与疏勒县一家扶贫企业签订了红枣收购协议，并规定农户在生产过程中禁止使用高毒农药。但部分农户在生产中，因低毒农药见效慢，于是在对果树农药喷洒的过程中，悄悄使用高毒农药等。

5.4 新疆连片特困区产业扶贫模式存在问题的成因透视

前文对三地州现有的比较有代表性的产业扶贫开发模式存在的问题进行了较为系统的梳理和分析。对于三地州现有产业扶贫开发模式来说，无论是农户自营还是合作社经营，抑或公司带动的订单生产，均存在一系列的问题。那么，是什么原因导致三地州目前的产业扶贫模式存在明显的缺陷呢？产业扶贫模式作为组织和引导贫困农户发展特色产业是脱贫致富的重要手段，其设计是一个系统的工程。一般认为，要想有效消除产业扶贫模式存在的问题，提升产业扶贫模式适用性和精准性，首先应对贫困对象的贫困状况有一个清晰、精确的认识和把握，准确了解贫困农户的贫困状况和发展诉求；其次产业扶贫模式设计过程也应该科学、合规；最后还应该建立完善的产业扶贫模式运行监管与考核机制，实现产业扶贫模式的动态、实时监管考核与调整。综合来看，贫困对象识别不精准、产业扶贫模式设计流程不科学，以及产业扶贫模式运行监管与考核机制不健全等都有可能是造成目前三地州产业扶贫模式存在问题的关键原因。基于此，下文拟从贫困对象识别、产业扶贫模式设计、产业扶贫模式运行监管与考核三个维度剖析目前三地州产业扶贫模式存在问题的关键原因。

5.4.1 贫困对象识别维度缺陷成因

对于贫困地区扶贫开发工作来说，贫困对象的精准识别是扶贫开发工作得以顺利开展的重要前提和关键保障。只有对贫困对象进行精准识别，扶贫部门制定的扶贫政策才能科学、有效，扶贫开发工作也才能顺利开展下去（唐丽霞等，2015；陈辉等，2016）。具体到产业扶贫开发模式，要想保证产业扶贫开发模式设计的精准性，首要任务是要对贫困对象的贫困状况进行全面系统的调查与分析。同时，对于贫困对象的精准识别，既包括将贫困群体从全部农户中精确地甄选出来，又涉及对贫困农户贫困程度、致贫原因以及发展诉求等进行全面系统的调查与分析。当前，三地州产业扶贫模式缺陷贫困对象识别维度的成因则主要包括贫困对象识别不精准、贫困对象致贫原因调查不全面和贫困群体发展诉求了解不透彻等方面。

5.4.1.1　贫困对象识别不精准

将真正贫困的群体从众多农户中精确地识别出来是扶贫开发工作的第一步。只有将贫困农户精确地识别出来，才能保证后续的扶贫开发工作顺利且有效地开展下去。具体到产业扶贫模式设计，如果贫困对象识别不精准，扶贫部门根据贫困对象的贫困特征、致贫原因、生计资本等设计产业扶贫模式，必然造成该产业扶贫模式与贫困农户基础条件不匹配的问题。自2013年精准扶贫理念提出以来，三地州各级扶贫开发部门均高度重视辖区内贫困对象的识别问题，通过“村民申请、群众参与、民主评议、集中决策”相结合的方式精确识别贫困对象，并在贫困对象识别之后，通过“挤水分”“回头看”等一系列贫困对象复查甄选工作，切实保证贫困对象识别和甄选的精准性。通过各种类型扶贫参与主体的共同努力，当前贫困对象识别问题较之前也取得明显的改善。但在三地州部分贫困村庄的实地走访中，一方面由于扶贫工作人员与农户之间信息不对称，另一方面由于基层扶贫组织工作人员扶贫能力较差，扶贫观念传统陈旧，贫困对象识别不精准的现象依然普遍存在。在对三地州贫困群体问卷调查中也发现了这一点，在关于“您身边是否有非贫困户被识别为贫困户”这一问题的回答中，在714位被调查的贫困农户中，依然有超过80位贫困农户表示，其身边存在非贫困户被纳入为扶贫户的现象，这一比例占样本总数的11.2%。

5.4.1.2　致贫原因调查不全面

精准扶贫的核心和关键是因贫施策，即根据贫困群体的致贫原因实施扶贫政策。当前，我国扶贫开发的核心理念也是制定相应的扶贫开发政策，设计相应的扶贫开发措施来有效消除造成贫困群体长期贫困的关键原因。基于此，只有精确梳理出贫困对象的致贫原因，才能保证所制定的扶贫开发政策和所设计的扶贫开发项目与贫困对象的致贫原因实现无缝对接，也才能发挥扶贫开发政策的扶贫带动效应，从而实现精准扶贫的愿景。对于产业扶贫模式设计来说亦是如此。只有全面系统地梳理出贫困对象致贫原因，从贫困对象致贫原因出发，构建产业扶贫模式，才能保证该产业扶贫模式与贫困群体相适应，农户也才能对该模式满意、认可。当前，三地州贫困地区扶贫开发部门针对贫困群体致贫原因识别提出了“五看”的贫困对象精准识别举措。但扶贫部门在实际操作中，更多的是从经济维度评价贫困群体的经济贫困程度，而对贫困群体的能力贫困和机会贫困的关注程度明显不足，对贫困群体的致贫原因的调查和分析也不够全面和深入。

问：扶贫部门在开展贫困对象识别的过程中有没有对您家庭情况进行调查？

答：进行了调查和分析。

问：调查的内容主要有哪些？

答：主要是家里的收入情况、家里的房子情况，家里的粮食和牲畜等。

问：有没有对您的学历情况、生产技能、社会资本进行相应的调查？

答：学历进行了调查，但生产技能和社会资本没有问。

问：扶贫部门有没有分析您家致贫的主要原因呢？

答：这个应该没有。

——疏勒县英尔力克一村贫困农户座谈资料整理

5.4.1.3 贫困对象发展诉求了解不透彻

贫困地区制定扶贫开发政策和措施，只有与贫困群体的发展诉求相匹配，满足贫困群体发展的现实需求，才能有效激发贫困群体的参与热情和积极性，也才能有效提升贫困群体对该扶贫政策、措施的认可度和满意度，该扶贫政策和措施也才能最大限度地发挥其扶贫带动作用。对于产业扶贫模式来说，其是否精准、有效，一个重要的考核指标即其是否从贫困群体的发展诉求出发设计、是否最大限度地满足贫困群体的发展诉求。通过对三地州部分扶贫工作人员和贫困群体的访谈发现，目前对于三地州贫困对象的识别，并未将贫困对象的发展诉求纳入贫困对象精准识别体系之中。这也在一定程度上造成了扶贫部门对贫困对象发展诉求识别不精准，产业扶贫模式设计与贫困群体发展诉求相背离，与贫困农户发展需求不匹配的问题。

问：您在对贫困对象进行调查与分析时，是否对贫困对象的发展诉求也进行相应的调查与分析？

答：在与贫困农户交流的过程中，会了解一些，但这不是对贫困对象识别的核心内容。目前我们对贫困对象的识别，还主要是从“五看”的维度展开。

问：您觉得对贫困对象发展诉求识别对于您制定扶贫政策重不重要？

答：肯定重要，扶贫措施只有能满足贫困农户的发展诉求，他们才愿意参与。

——疏勒县英尔力克乡一副乡长访谈资料整理

5.4.2 产业扶贫模式设计维度缺陷成因

对于贫困地区的扶贫开发工作来说，制定扶贫开发政策与措施，设计扶贫开发模式是扶贫开发工作的核心。因此，要想保证贫困地区扶贫开发工作精准地开展下去，扶贫开发政策和措施的精准性设计则是关键，而精准设计扶贫开发政策和措施，一个重要原则是严格遵守因户制宜，“缺啥补啥”的原则。具体到产业扶贫模式设计，要想保证产业扶贫模式设计的精准性和适用性，一方面要求扶贫部门在设计产业扶贫模式的过程中具备一套科学、合规、有效的设计程序，并被严格执行下去；另一方面扶贫开发部门应广泛听取和借鉴不同扶贫参与主体的意见和建议，将贫困对象、驻村工作组（科技特派员、大学生村官）、国际扶贫组织、扶贫中介组织等扶贫主客体均纳入产业扶贫模式设计当中，实现产业扶贫模式设计的多维参与，推行“参与式”扶贫开发。综合以上分析，本书对于产业扶贫模式设计维度缺陷的成因分析主要从产业扶贫模式设计程序科学性和执行彻底性以及扶贫主客体参与情况两个维度展开。

5.4.2.1 产业扶贫模式设计程序不科学，且执行不彻底

在产业扶贫模式设计的过程中具备一套科学、完善、有效的产业扶贫模式设计程序可以有效提升产业扶贫模式的精准性，增强产业扶贫模式的扶贫带动作用。鉴于产业扶贫模式的设计与推广主要由村委会来具体设计和完善，笔者对喀什、和田 20 余个村庄进行实地走访，发现目前三地州大部分贫困村庄在设计产业扶贫模式的过程中，并没有一套完整的产业扶贫模式设计程序，多数情况下都是由村委会工作人员根据自己以往生产经验或参考周边村庄产业扶贫模式来“想当然”地设计本村的产业扶贫模式。即使有少数村庄制定了产业扶贫模式设计流程，但是也往往被“束之高阁”，极少被严格、彻底地执行下去。因产业扶贫模式设计程序不科学，且执行不彻底造成当前南疆三地州产业扶贫模式不科学、不精准是目前南疆三地州产业扶贫模式设计中普遍存在的一个重要问题。

5.4.2.2 贫困农户参与度低

根据“参与式”扶贫理论，只有引导贫困农户参与到扶贫开发政策、项目的决策、执行的过程中，才能最大程度保证扶贫项目、政策的精准性，也才能有效提升贫困农户对该扶贫政策、项目的参与热情和满意度水平，最大限度发挥扶贫政策、项目的扶贫带动作用。具体到产业扶贫模式的设计，对于贫困农户来说，他们最清楚自己的贫困状况，发展生产面临的困境以及自身的发展诉求等，因此如果贫困农户能够参与到产业扶贫模式设计当中，依据贫困农户的意见和建议设计产业扶贫模式则可以有效提升产业扶贫模式设计的科学性和精准性。但就现实情况看，根据对南疆三地州部分村庄的调查和农户的访谈，当地村委会在设计和推行本村产业扶贫模式的过程中，极少向贫困农户咨询、听取和吸纳贫困群体的意见，这也是造成目前南疆三地州产业扶贫模式存在问题的一个重要原因。

> 问：您所在村在设计产业扶贫模式的过程中，村干部有没有咨询您的意见？
>
> 答：没有咨询，他们没有咨询过我们的意见，他们都是直接让我们怎么做，我们就按照他们的要求做就行了。
>
> 问：那您觉得村委会推行的产业扶贫模式能解决您生产中遇到的困难，满足您发展的诉求吗？
>
> 答：能解决一部分吧，但也没办法完全解决。毕竟我们生产经营中遇到的困难也比较多，能解决一些，我们就很满意了。
>
> ——**疏附县乌帕尔镇三村贫困农户座谈资料整理**

5.4.2.3 驻村工作组（技术特派员、大学生村官）参与度不足

对于驻村工作组人员、大学生村官以及村科技特派员来说，由于其长期处于农村扶贫开发相关工作的第一线，与贫困农户交流、互动比较频繁，对贫困农户的基本情况和发展诉求了解也较为透彻。与此同时，其文化层次和综合素质也相对较高，对当地的扶贫开发工作具有一定的思考和独到的见解，对于什么样的产业扶贫模式更适合本村的贫困农户把握也更为准确和透彻。因此，引导和组织驻村工作组人员、大学生村官和村科技特派员参与到贫困农户产业扶贫模式的设计

当中，也能有效提升产业扶贫模式的精准性。根据对南疆三地州部分贫困村庄的调查，有一部分村庄在设计本村产业扶贫模式的过程中，将驻村工作组人员、大学生村官和村科技特派员纳入产业扶贫模式设计当中，但大部分村庄并未吸纳驻村工作组人员、大学生村官和村科技特派员参与产业扶贫模式设计。与此同时，即使驻村工作组人员、大学生村官和村科技特派员参与到产业扶贫模式设计中，但其意见和建议往往仅仅作为村委会制定本村产业扶贫模式的参考。村委会在产业扶贫模式决策的过程中经常出现背离驻村工作组人员、大学生村官和村科技特派员意见和建议的现象。

问：您所在的村在设计产业扶贫模式的过程中，村干部有没有咨询您的意见？

答：咨询，在本村针对贫困对象设计产业扶贫模式的过程中，我们也参与其中。

问：那您的意见和建议，是否在一定程度上左右村委产业扶贫模式设计决策？

答：这个不一定，要具体情况具体分析，村委会在设计和推行产业扶贫模式的时候要考虑各方面因素，很多时候我们的意见和建议也不一定被采用的。

——疏勒县巴合奇乡六村一驻村工作组成员访谈资料

5.4.2.4　产业扶贫模式设计缺乏扶贫专家指导

对于扶贫专家来说，其扶贫方面的理论知识较为丰富，可以在村委会设计产业扶贫模式的过程中提供一定的理论指导，保证产业扶贫模式在理论上可行、高效。因此，在村委会设计产业扶贫模式的过程中，引导和组织扶贫专家参与到产业扶贫模式构建中，可以较大幅度提升产业扶贫模式的精准性和适用性。但综合来看，目前南疆三地州各贫困村庄针对本村贫困群体设计产业扶贫模式时，几乎没有扶贫专家参与的现象。这也在一定程度上限制了产业扶贫模式精准性水平的进一步提升。

问：您辖区村庄针对贫困群体设计产业扶贫模式，会不会咨询扶贫方面的专家？

答：这种情况非常少！

问：为什么没有去咨询呢？

答：其实我们也想咨询的，让扶贫专家给我们把把关，但是我们没有渠道去和他们取得联系呀！

——疏附县乌帕尔镇一负责扶贫副镇长访谈资料整理

5.4.3 产业扶贫模式运行监管与考核维度缺陷成因

实践表明，即使对贫困群体进行精准识别，对扶贫措施和政策进行科学制定，也无法保证其百分百与贫困农户实际情况相匹配。特别是当前扶贫政策从制定到对贫困农户全面实施往往存在一定的时滞性，同时贫困农户的贫困状况、发展诉求等也往往处于不断的发展变化当中。现实情况是，精准扶贫政策和措施的制定并非“一蹴而就”的，扶贫政策和措施在针对贫困农户实施的过程中，进行实时的监管和考核，并根据监管与考核结果进行及时的调整和优化才能保证扶贫开发政策和措施时刻精准、适用。当前，南疆三地州产业扶贫模式普遍存在缺陷，一个非常重要的原因是产业扶贫模式在实施的过程中缺乏系统的监管和考核，无法精确了解当前产业扶贫模式的具体运行状况和存在的问题，从而造成产业扶贫模式调整和优化的滞后性和盲目性。

5.4.3.1 监管考核人员设置不合理，监管考核指标体系不科学

在贫困村庄针对贫困农户推行产业扶贫模式的过程中，设置专门的监管考核部门和人员，构建科学完善的产业扶贫模式监管、考核体系，并严格开展产业扶贫模式实施监管与考核工作，可以对产业扶贫模式的运行现状及实施效果进行实时的监管与考核，从而及时发现产业扶贫模式运行过程中存在的缺陷和与贫困农户基础条件不匹配的问题，为后续及时调整和优化产业扶贫模式，保证产业扶贫模式的实时精准和适用提供相应的事实和数据支撑。但就当前南疆三地州产业扶贫工作监管与考核的现实情况来看，目前南疆三地州产业扶贫模式运行过程的监管和实施结果的考核，一般由村委会工作人员来兼任，并没有专职人员来专职负责。但遗憾的是，一方面由于村委会工作人员需要处理村庄各项日常事务，工作

复杂、繁琐，往往对产业扶贫过程和产业扶贫结果疏于监管和考核；另一方面由于村基层扶贫工作人员的文化层次普遍偏低，扶贫能力严重匮乏，造成其在监管产业扶贫模式运行过程和考核产业扶贫模式实施效果时，很难构建科学、完善的评价指标体系，往往仅以农户的增收状况作为唯一的考核指标。监管考核人员设置不合理，指标体系构建不科学势必造成扶贫部门对产业扶贫模式的具体运行状况了解不透彻，对于偏离贫困群体基础条件的产业扶贫模式无法进行及时的优化和修正，从而造成当前南疆三地州产业扶贫模式精准性不高和农户满意度偏低的问题。

5.4.3.2 农户与扶贫组织沟通反馈渠道不畅

对于贫困地区的扶贫开发工作来说，扶贫政策、项目的接受群体——贫困农户往往最先发现扶贫政策、项目的问题和缺陷，也往往最清楚扶贫政策、项目优化和调整的方向。因此，在扶贫部门与贫困农户之间建立顺畅、有效的反馈和沟通渠道，实现贫困农户与扶贫组织之间实时、有效的沟通和交流，可以使扶贫部门及时了解产业扶贫模式存在的问题与缺陷，以及产业扶贫模式后续调整和优化的方向，从而保证产业扶贫模式的实时精准、适用。但就目前南疆三地州产业扶贫模式运行过程来看，产业扶贫模式的推广、监管和考核普遍以“自上而下”的方式展开，“自下而上”的反馈和沟通渠道严重匮乏，这就造成贫困农户很难将产业扶贫开发工作中存在的问题及时、有效地反馈给扶贫开发部门和组织，也使扶贫部门和组织很难及时、准确地了解当前产业扶贫模式的具体运行现状，也无法及时把握产业扶贫模式未来的调整重点和调整方向，从而造成贫困农牧民对当前实施的产业扶贫模式满意度普遍不高的问题。

> 问：当村委会针对您家庭推行的产业扶贫模式，您觉得有问题时，您会不会向当地扶贫组织反映？
>
> 答：没有反映过。
>
> 问：为什么没有去反映呢？
>
> 答：我们也不知道向谁反映有用，再说前面有邻居反映的，也没有什么效果。所以我们就懒得反映了！政府让我们怎么干，我们就怎么干呗！
>
> ——**喀什塔什库尔干县塔合曼乡部分牦牛养殖户访谈资料整理**

5.5　本章小结

本章首先借助 657 份新疆三地州贫困农牧民调查问卷数据，运用 AHP 模糊综合评价法从产业扶贫模式适用性、产业扶贫模式扶贫效果、产业扶贫模式扶贫效率三个维度对新疆连片特困区现有产业扶贫模式进行综合评价；然后通过对新疆三地州部分贫困村庄实地走访和部分产业扶贫参与主体个案访谈，对新疆三地州现有产业扶贫模式存在的问题以及产生问题的关键成因进行系统剖析。研究发现，在新疆三地州现有的三类产业扶贫模式中，“农户自营”模式的农户评价得分最低；“农民专业合作社经营”模式农户评价得分虽高于“农户自营”模式，却依然处于较低水平；“公司带动的订单生产”模式农户评价得分最高，但与人们的预期依然存在一定距离。造成目前新疆三地州产业扶贫模式存在问题的关键原因主要包括贫困对象识别不精准、产业扶贫模式设计不科学、产业扶贫模式实施过程缺乏有效的监管与考核机制等。

第6章　国内产业精准扶贫模式成功经验及启示

前文系统梳理了当前新疆连片特困区产业扶贫模式的类型、运行现状、存在的问题以及诱发问题的关键原因。我们逐步意识到，应结合精准扶贫的相关理念，从贫困农户的基础条件入手，构建与贫困农户基础条件相匹配和适用的产业精准扶贫开发模式。在构建新疆连片特困区产业精准扶贫开发模式之前，需要对当前贫困地区产业精准扶贫模式成功经验进行相应的梳理和归纳，找准产业精准扶贫模式的共性特点，为后文我们构建新疆连片特困区产业精准扶贫模式提供一定的经验借鉴和启示。接下来，本章拟首先分别对四川梓潼、内蒙古兴安盟以及广西桂西大石山区等贫困地区产业精准扶贫模式进行系统梳理，然后归纳出贫困地区产业精准扶贫模式的共性特点，以精确定位新疆连片特困区产业精准扶贫模式构建的具体方向。

6.1　梓潼县产业精准扶贫模式成功经验

6.1.1　梓潼县贫困现状

绵阳市位于四川盆地西北部，是秦巴山区连片扶贫开发特困区的核心区域，也是我国扶贫攻坚的重中之重。在绵阳市的三区五县中，梓潼县是其中贫困问题最为突出的农业大县。目前，梓潼县总人口为38.5万，其中农业总人口高达31.5万，占全县总人口的81.8%。2015年，梓潼县有29个贫困村，精准识别贫困农户达到4800户17800人，点多、面广、贫困程度深、缺乏资源是当前梓潼县扶贫工作面临的突出问题。近年来，梓潼县政府经过多方调查和积极探索，结合辖区资源禀赋和市场需求，将畜牧养殖业作为辖区产业扶贫攻坚的特色扶贫产业项目。同时，为了有效破解贫困农户在养殖畜牧过程面临的畜种选择不合理、养殖资金短缺、养殖技术匮乏、产品质量层次低、品牌效益不突出以及销售渠道狭窄单一、销售不畅、滞销严重等相关问题，积极探索畜牧养殖的精准模式，逐步形成了一系列与当地贫困农户基础条件相适用的、成熟的、效果相对凸显的产业扶贫实践模式。

6.1.2 梓潼县产业精准扶贫模式

（1）“公司 + 农民专业合作社 + 贫困农户”复合经营模式。

“公司 + 农民专业合作社 + 贫困农户”复合经营模式是目前梓潼县扶贫部门在各贫困乡村推广时间最长，同时也是应用最为广泛的一类产业扶贫开发模式类型。该类产业扶贫开发模式在推动贫困农户发展生产，开展产业扶贫的具体方式为在村基层扶贫部门和组织的引导和组织下，贫困农户与村中能人（大户）抱团组建村级专业合作经济组织。同时，借助村基层扶贫组织的穿针引线，贫困农户依托村级专业合作经济组织与当地扶贫公司签订合约，建立利益联结机制，开展订单生产。在具体的运行机制上，贫困农户在专业合作经济组织的指导和监督下，依照扶贫公司的要求和标准，统一开展生产活动，饲养牲畜；扶贫公司按照与当地贫困农户签订的订单协议，待贫困农户将牲畜育肥后，对贫困农户育肥的牲畜进行统一收购，并且在农户生产的过程中，公司通过指派专业技术人员或开展业务培训、交流等方式给予贫困农户提供一定的技术指导和信息服务。农民专业合作经济组织作为贫困农户与扶贫公司之间的中介组织，在扶贫公司和贫困农户之间发挥着重要的中介和桥梁作用。具体来说，农民专业合作经济组织在农户生产环节对贫困农户生产活动进行相应的指导和监督，保证农户的牲畜养殖按照公司的标准和流程展开。在贫困农户与扶贫公司合作过程中，农民专业合作经济组织一方面作为贫困农户利益代表，代表贫困农户与公司进行谈判，提升贫困农户的议价谈判能力，消除扶贫公司人为压低产品价格，侵害贫困农户利益的行为；另一方面作为公司和贫困农户的监督主体，监督贫困农户和扶贫公司两方面的违约行为和机会主义行为，提升贫困农户与扶贫公司之间合作关系的稳定性和可持续性。

（2）委托养殖模式。

以订单协议为基础开展的“公司 + 农民专业合作社 + 贫困农户”复合经营

模式在解决贫困农户发展生产中面临的资金、技术和市场等方面的问题时发挥着重要的作用，但在具体的运行过程中，始终需要贫困农户自主开展生产活动。因此，其在面对无劳动能力，或者养殖基础条件和养殖技术严重欠缺的贫困农户时显得捉襟见肘。在这一背景下，梓潼县扶贫开发部门为了让无劳动力能力、养殖基础条件和养殖技术严重欠缺的贫困农户也顺利嵌入产业发展链条中，分享经济发展所带来的红利，针对这部分贫困农户提出了委托养殖模式。委托养殖模式的具体做法为贫困农户将政府分发的扶贫牲畜以托管、代养的方式交由当地的养殖龙头企业、农民合作经济组织或村中的大户代为饲养和管理；乡村两级党组织协调引导扶贫养殖企业和组织与贫困农户签订委托养殖协议，贫困农户与扶贫企业和组织签订《扶贫牲畜（牛、羊）委托养殖协议书》。在委托养殖的过程中，贫困农户的母羊（母牛）繁殖的羊羔或者牛犊归扶贫企业和组织所有，扶贫企业则以每年按照委托协议给予贫困农户提供一定的资金分红。当前，梓潼县委托养殖模式规定的托管周期一般为三年。托管合同到期后，贫困农户可以将羊（牛）收回，也可以与养殖企业和组织续签委托养殖协议，继续托管。该种产业扶贫模式有效解决了贫困农户因没有劳动能力无法有效开展生产活动带来的增收渠道欠缺和扶贫资源利用效率低的问题。

（3）“入股分红＋劳务创收”模式。

“入股分红＋劳务创收”产业扶贫开发模式是近年来梓潼县扶贫开发部门在部分乡镇试点推行，并打算在后期全县产业扶贫开发工作当中大力推广的一类产业扶贫开发模式类型。其一般依靠当地的养殖加工企业带动的方式开展，具体的做法为：一方面贫困农户以专项扶贫资金、小额信贷资金以及贫困农户的自有资金通过入股的方式投放到养殖企业中，养殖企业与贫困农户签订利益分配比例与方式，在一定生产周期内，养殖企业按照与贫困农户签订的分配比例与方式，给予贫困农户一定的利润分红；另一方面贫困农户到企业内务工，扶贫企业给予在企业内务工的贫困农户再发放一定额度的工资报酬。该种产业扶贫模式贫困农户以“带资入股”的方式入股企业，并在扶贫企业内部务工，是对“公司＋农民专业合作社＋贫困农户”复合经营模式的升级。该类产业扶贫模式一方面依托扶贫资金实现了贫困农户对生产、加工、流动、销售等全部生产经营环节利益的分享；另一方面贫困农户在企业内务工，增加了农户的工资性收入。此外，贫困农户在养殖企业务工的过程中，养殖企业会针对贫困农户开展相应的养殖技术和管理知识方面的培训，这也有效带动了贫困群体养殖技术的提升和经营管理知识的积累。

6.1.3　梓潼县产业扶贫成效

梓潼县的产业扶贫开发模式有效破解了当地贫困农户发展畜牧养殖业面临的缺信心、缺技术、缺资金、缺劳动力的扶贫难的问题。产业扶贫开发成效较之前也取得了显著的提升。

6.2　内蒙古兴安盟产业精准扶贫模式成功经验

6.2.1　兴安盟贫困现状

兴安盟位于内蒙古自治区东北部，东北与黑龙江省相连，东南与吉林省毗邻，南部、西部、北部分别与内蒙古的通辽市、锡林郭勒盟和呼伦贝尔市相连，西北部与蒙古国接壤。兴安盟南北长 380 公里，东西宽 320 公里，总面积为 59806 平方公里。全盟总人口接近 160 万人，由蒙、汉、朝鲜、回等 20 多个民族构成，以蒙古族和汉族为主。兴安盟经济增长方式粗放，农牧业基础薄弱，工业化、城镇化水平较低，高新技术产业、现代服务业发展相对滞后，城乡、县域经济社会发展不平衡，居民收入总水平偏低，是大兴安岭南麓集中连片特困区的重要组成部分。兴安盟下辖六个旗县市，其中五个为国家级贫困县，一个为自治区级贫困县，是内蒙古最为贫穷的地区。2010 年，兴安盟农村居民的人均纯收入仅为 3712 元，仅为全国平均水平的 60%，贫困人口人均纯收入仅为 1572 元，有 42.8 万人长期处于贫困线以下，贫困发生率高达 41%，是大兴安岭南麓贫困片区脱贫攻坚战的主战场。为了有效解决兴安盟的贫困问题，实现 2020 年全盟贫困人口全部脱贫和实现小康的战略目标，兴安盟各级政府在意识到产业扶贫是精准扶贫的治本之策、是解决生存和发展的根本手段、是增强脱贫致富内生动力的必由之路的基础上，借助中央各扶贫相关部门的大力支持和自治区各相关部门的大力扶持，在辖区内积极推进产业扶贫工作。

6.2.2　兴安盟产业精准扶贫模式

目前，兴安盟在辖区内开展产业扶贫开发工作，主要按照“资金跟着穷人走，穷人跟着能人走，能人跟着产业走”的具体思路展开，探索出了三类比较有代表性的产业精准扶贫开发模式。

（1）菜单帮扶模式。

菜单帮扶模式主要是针对具备一定劳动能力和生产技能，且具有较强发展意愿，但却不知道发展什么类型产业的贫困农户展开的。菜单帮扶模式的运作方式主要为政府出单、贫困户“点菜”、政府埋单、全程服务。具体来说，即政府根据贫困农户的致贫原因、家庭生计资本、发展诉求等贫困农户的基础条件，设计出贫困群体脱贫产品的产业扶贫项目“菜单”，贫困群体根据自身的实际情况和发展诉求，选择适合自身发展的产业扶贫项目，发展生产。在贫困群体发展生产的过程中，政府给予贫困群体一定的项目支持、资金补贴和技术指导等。菜单帮扶产业扶贫开发模式一方面考虑了贫困农户的自身特点，另一方面尊重了贫困农户的发展意愿和发展诉求，同时又开阔了贫困群体的思维和视野，有效发挥了贫困群体的主体作用和主观能动性，并且锻炼了贫困群体独立承担项目和自主发展生产的能力。菜单式帮扶模式有效提升了产业扶贫项目选择的精准性，充分调动了贫困群体的生产积极性和主动性。兴安盟各县、市中，采用“菜单”帮扶模式开展产业扶贫比较成熟的为乌兰浩特市。乌兰浩特市在开展产业扶贫的过程中，针对贫困农户列出种植业、养殖业等产业扶贫项目菜单 50 余项，由贫困农户自主选择，待贫困群体选定产业扶贫项目之后，政府通过“先建后补”的方式，给予贫困群体 1.5 万元的产业扶贫补贴资金，同时派驻帮扶干部、技术员，指导和帮助贫困农户实施产业项目，发展生产。

（2）托管经营模式。

兴安盟的托管经营模式主要是针对无劳动能力的贫困群体展开的，用以解决无劳动能力贫困群体发展生产过程中面临的无资金、无技术和无劳动能力的问题。兴安盟产业扶贫的托管经营模式的具体做法为：扶贫部门利用产业扶贫资金帮助贫困农户购置牲畜或机械设备等资产，通过牵线搭桥将贫困农户的牲畜或者机械设备托管到当地的扶贫企业进行代养、代管，并给贫困农户返利分红，帮助贫困农户增收致富。具体来说，一是动物养殖托管。运作该模式相对成熟的县、市主要有科右前旗、突泉县。科右前旗、突泉县两地借助产业扶贫专项资金帮助贫困农户购买牛、驴、羊等牲畜，并通过牵线搭桥帮助贫困农户将牲畜托管给养殖场，签订协议，养殖场负责生产饲养、防疫、管理，通过牲畜养殖扩繁和育肥复壮等方式获得相应的经营收入，并按照协议分配给贫困农户相应的收益。二是机械设备托管。运作该模式较为成熟的为兴安盟乌兰浩特市、扎赉特旗等地区。该地区针对无经营和管理能力的贫困农户，利用项目扶贫资金统一购买农业机械设备，交给村集体或者农机服务公司进行经营和管理，并以股份方式量化到贫困农户。

（3）合作共赢模式。

兴安盟的合作共赢模式是指政府利用扶贫资金、农业发展资金、金融支农资金引导贫困农户以土地、资金、技术、劳动力等要素入股，抱团开展合作经营，提高贫困农户的增收能力和抗风险能力。一是针对有劳动能力的贫困农户，引导其开展股份合作经营。具体做法为在当地基层扶贫组织的引导和支持下，贫困农户通过土地、资金、劳动力等生产要素入股组建股份合作经济组织，共同开展生产活动，并按照贫困农户的参股比例，获得相应的利润分红。二是针对无劳动能力的贫困农户，引导其与农村新型经营主体开展金融合作。具体做法为，既无劳动能力，又缺乏资金和技术的贫困农户，政府通过出资担保和财政贴息等方式，协调金融机构为贫困农户提供产业扶贫贷款。同时为了提高贷款使用效率，组织贫困农户将所获得的金融扶贫贷款与相关企业、合作经济组织、家庭农场、大户等农村新型经营主体进行资本金合作，由农村新型经营主体统一集中使用农户获得的优惠贷款，并按照收益的一定比例返还给贫困农户，带动贫困农户持续增收。

6.2.3　兴安盟产业扶贫成效

综合来看，在各级扶贫部门的大力支持和贫困群体自身的不懈努力下，兴安盟的脱贫攻坚工作取得了突破性的进展。贫困人口由 2010 年的 42.8 万人减少到 2015 年的 10.5 万人，贫困发生率由 2010 年的 41% 下降到 2015 年的 9.5%。五年间贫困人口累计减少了 32.2 万人，贫困发生率下降了 31.5%。同时，根据当地扶贫部门介绍，在所有减贫的人口当中，80% 的脱贫人口源于产业扶贫。伴随着贫困人口的大幅度缩减，兴安盟依靠产业发展，人民的生活质量较之前也取得了显著的提升。农村居民人均纯收入由 2010 年的 3712 元增加到 2015 年的 7894 元，年均增长了 23%。其中，贫困人口人均纯收入由 1572 元增加到 2790 元，年均增长了 16%。

6.3　广西桂西大石山区产业精准扶贫模式成功经验

6.3.1　桂西大石山区贫困状况

《广西农村经济》显示，1996 年广西壮族自治区共有贫困县（市）49 个，其中国家级贫困县（市）28 个，自治区级贫困县（市）21 个，主要分布于桂西大石山区。在广西壮族自治区桂西大石山区所有的贫困县（市）中，有特困乡镇 307 个，占贫困乡镇的 45%，特困村 2032 个，占贫困乡村的 31%。桂西大石山区贫困县（市）贫困总人口达到 1548.8 万，占桂西大石山区总人口的 35.6%，其中乡村贫困人口为 1389 万，占贫困总人口的 89.7%。与此同时，由于绝大多数贫困人口生活在自然环境极其恶劣、文化教育发展极其缓慢的贫困山区，造成贫困群体文化层次和综合素质普遍较低，接受新事物和新思想的能力相对较差。贫困农户普遍呈现出文化层次、生产技能严重匮乏、市场经济意识相对落后陈旧的特点。近年来，广西桂西大石山区各级扶贫开发部门在脱贫攻坚中进一步强化政策引领、科学规划，推进特色优势主导产业遴选培育工作，按照宜农则农、宜牧则牧、宜林则林、宜游则游、宜工则工的原则，在辖区有扶贫开发任务的县（市、区）均确定了 2 ~5 个特色优势主导产业，并结合贫困农户的特点与发展需求，创造性地提出了丰富多样的产业扶贫开发模式。通过相关文献的梳理，目前广西桂西大石山区的产业扶贫模式主要有以下几种类型：

6.3.2 桂西大石山区产业精准扶贫模式

（1）菜单扶贫模式。

广西壮族自治区桂西大石山区各贫困县市针对辖区有一定劳动能力和发展技能的贫困群体，根据贫困群体的不同产业发展需求，结合贫困村庄资源禀赋、市场需求等基础条件，确定种植、养殖、生态、加工等“点餐式”产业扶贫项目。贫困农户根据自身发展诉求，对照本辖区“菜单”进行“点菜”。同时，在贫困农户确定产业扶贫项目之后，广西桂西大石山区各县级扶贫开发部门一方面借助扶贫专项资金和扶贫小额贷款为辖区贫困农户购买种子、化肥、农药、仔畜（禽）、饲草料等生产资料以及修建棚圈提供一定的扶贫资金补贴；另一方面为了最大限度降低贫困农户发展生产遇到的风险，保证贫困农户顺利实施产业扶贫项目，各县（市）扶贫开发部门积极与当地财产保险公司合作，为贫困农户生产提供相应的风险担保。

（2）能人、大户带动模式。

经济能人、大户带动产业扶贫开发模式也是目前广西桂西大石山区贫困地区普遍采用的一类扶贫开发模式。该类扶贫开发模式是在瞄准村中的经济能人（大户）与贫困农户协作共赢的利益联结点，找准经济能人（大户）优势与贫困农户发展诉求的结合点展开的。具体做法为，鼓励村中的能人（大户）或者返乡的经济能人，牵头成立农民专业合作社或者农业公司，并吸引贫困农户参与到专业合作社或农业公司当中。经济能人（大户）依托其资金、生产技术、市场等优势，结合当地资源，带动贫困群体发展优势产业项目，实现脱贫致富愿景。

（3）公司带动“订单委托经营”扶贫模式。

广西桂西大石山区“订单委托经营”模式一般是针对有劳动能力和一定生产技能，却缺乏产业发展资金和生产资料的贫困农户。公司为其无偿提供一定的生产资料，由贫困农户经营，同时公司再以市场价或者高于市场价对贫困农户生产出来的产品进行回收。广西桂西大石山区各贫困县市中，扶贫公司企业带动“订单委托经营”产业扶贫模式发展相对成熟，比较有代表性的为北京山谷芽菜有限责任公司。2016年，该公司与80户贫困农户签订了800亩的蚕豆、豌豆等芽苗菜种种植协议，公司负责提供种子，并针对贫困户每户预付3000～5000元生产资料及管理费用。待产品成熟收获后，该公司以当年的市场价上浮10%的方式进行收购。

（4）入股分红和利润返还模式。

贫困群体入股分红与利润返还模式是近年来广西桂西大石山区扶贫开发相关部门探索创造出来的一类新的产业扶贫模式类型。该类产业扶贫模式因使贫困农户可以分享产业发展从生产、加工、流通到销售各个环节的利润，受到扶贫部门的普遍追捧和推行。目前，广西贫困地区入股分红和利润返还模式普遍做法如下：扶贫公司企业在贫困地区建设项目基地，贫困农户通过扶贫资金、自有资金、土地、房屋、技术等方式入股企业建设，企业与贫困农户签订分红和利润返还协议，按照一定比例从项目基地产品或者经营利润中给予入股贫困农户一定的分红。如广西新振锰业集团有限公司在大新县桃城镇宝贤村价屯投资700万元，价屯以60亩集体土地入股，共同建设三元编织有限公司。公司产生的利润，按股份分红到各户。

6.3.3 桂西大石山区产业成效

桂西大石山区的产业扶贫开发工作取得了较为突出的效果，根据桂西大石山区相关县（市）扶贫开发部门统计结果，桂西大石山区的经济社会状况取得快速发展，农村基础设施较之前明显改善，农民的生活水平也得到显著提升。具体来说，在贫困人口数量方面，自产业扶贫工作实施以来，桂西大石山区各贫困县（市）贫困人口数量出现大幅度下降，贫困发生率较之前显著改善。从2010年到2015年，五年间贫困发生率下降了5.86%。在贫困群体生活质量改善方面，桂西大石山区各贫困县（市）公路系统逐步建立，贫困村庄实现了公路的全覆盖，乡镇全部达到医疗国家标准，村庄常驻医生率达到80.8%，66.7%的乡镇建立了私人医疗服务点，66.7%的乡镇开设了药房；电力系统逐步完善，全县全部乡镇和村庄均实现了电力的100%覆盖。

6.4 国内产业精准扶贫模式成功经验启示

通过对梓潼县、兴安盟以及桂西大石山区产业精准扶贫模式进行系统的梳理和归纳，当前，我国各贫困地区产业扶贫的具体内容和方式虽然不尽相同，但也普遍存在一定的共性特点。通过上文我国部分贫困地区产业精准扶贫模式梳理，得到以下启示和借鉴：

6.4.1 从发展困境出发，坚持因贫施策

就我国贫困地区产业精准扶贫模式来看，无论是梓潼县，还是兴安盟，抑或桂西大石山区，所推行的产业扶贫模式，最终目的均为最大限度破解贫困农户发展生产过程中面临的资金、技术、市场等方面的生产困境。对于新疆连片特困区来说，针对新疆连片特困区构建产业精准扶贫模式，其核心目的是有效解决贫困农户发展生产面临的各种困境。基于此，三地州各级扶贫开发部门在构建辖区产业精准扶贫开发模式的过程中，应从当地贫困农户发展生产的困境出发，在精确定位当地贫困农户发展生产面临的现实困境基础上，构建能切实解决贫困农户发展生产困境的产业精准扶贫开发模式。

6.4.2 考虑农户个体差异，坚持因户分类施策

就前文梳理的我国三个贫困地区的产业精准扶贫开发模式来看，在某一贫困地区推行的产业扶贫开发模式往往不是唯一的，而是根据不同类型贫困农户基础条件和发展诉求，有针对性地为其匹配最适用的产业扶贫开发模式。如兴安盟在开展产业扶贫开发工作的过程中，就针对有劳动能力，又愿意自己经营发展产业扶贫项目的农户，提出“菜单式”产业扶贫模式；针对没有劳动能力的贫困农户，提出了“委托经营”产业扶贫开发模式。同时，在针对贫困农户推行“合作共赢”模式时，也针对不同类型贫困农户，采用了不同的运作方式。因此，对

于新疆连片特困区各级扶贫开发部门来说，其在构建产业精准扶贫模式的过程中，不能搞“一刀切”“千篇一律”，应针对贫困地区不同贫困农户的基础条件和发展诉求，有针对性地设计与他们基础条件最匹配的产业扶贫开发模式。

6.4.3 无劳动能力贫困农户亦可开展产业扶贫

就前文梳理的贫困地区产业精准扶贫模式来看，无劳动能力的贫困农户也可以被纳入产业扶贫的范畴，开展产业扶贫。如梓潼县就针对辖区无劳动能力的贫困农户设计了委托养殖模式；兴安盟也针对辖区无劳动能力贫困农户分别提出托管经营模式和金融合作模式等。对于三地州来看，其在构建产业精准扶贫模式、开展产业扶贫的过程中，也可以将无劳动能力贫困户纳入产业扶贫的范畴。推动贫困农户通过扶贫资金或自有生产要素与公司、合作经济组织、大户或家庭农场合作，以资金、土地等生产要素参与产业链条，获得相应收益。

6.4.4 农户“入股分红”成为产业扶贫新趋势

就前文归纳总结的三个地区相对成熟的产业精准扶贫开发模式来看，对于有劳动能力和发展意愿的贫困农户，通过在公司带动的情况下，组建股份合作经济组织，开展股份合作经营，不仅可以有效解决贫困农户发展生产面临的资金、技术和市场等问题，而且可以使贫困农户在一定程度上分享产品加工、流通、销售等相关环节的利润，最大化利用农户资金、土地、劳动力的扶贫资源；对于无劳动能力的贫困农户，通过委托经营的方式，推动其将扶贫资金或自有生产要素入股到公司、合作经济组织、大户或者家庭农场中，以扶贫资金参与产业链条，持续获得收益。解决贫困农户因没有劳动能力而无法享受产业发展带来的红利的问题。因此，对于新疆连片特困区来说，构建产业精准扶贫模式，也应该重点考察贫困农户“入股分红”的产业经营方式。

6.5 本章小结

本章的核心思想为通过梳理我国部分贫困地区产业精准扶贫相对成熟、代表性的模式，归纳出精准的产业扶贫开发模式应具备的基本构成要素。通过梳理梓潼县、兴安盟和桂西大石山区产业精准扶贫开发模式，构建精准的产业扶贫开发模式，应从以下几个方面做出努力：第一，应始终坚持从有效破解贫困农户发展生产困境这一基本准则出发，坚持因贫施策；第二，在产业精准扶贫模式构建过程中，应充分考虑农户个体差异，坚持因户施策和分类施策的原则，针对不同类型的贫困农户，为其匹配最适用的产业扶贫开发模式；第三，无劳动能力的贫困农户也可以被纳入产业扶贫范畴，推动其通过土地、资金生产要素嵌入产业链条，开展产业扶贫；第四，采用农户入股的方式，与公司等扶贫带动主体形成利益共同体，分享产业发展经济溢出效益更高的产品加工、流通、销售等相关环节的利润，最大化农户土地、资金、劳动力等生产要素的扶贫效用成为贫困地区产业扶贫新趋势，新疆连片特困区产业精准扶贫模式构建过程中也应该高度关注和重点考虑。

第7章　新疆连片特困区产业精准扶贫模式构建基础条件分析

本书的第4、第5章对新疆连片特困区现有的产业扶贫模式的类型、运行方式、运行现状、存在的问题以及产生问题的根本原因进行了系统的梳理和剖析；第6章则借助国内部分贫困地区产业精准扶贫模式成功案例梳理新疆连片特困区产业精准扶贫模式构建的具体方向。本章的研究重点是在前文研究结论的基础上，阐释新疆连片特困区产业精准扶贫模式的构建过程，精确定位新疆连片特困区产业精准扶贫模式的关键构成要素和构建具体的切入点。

7.1　新疆连片特困区产业精准扶贫模式构建目标与原则

7.1.1　新疆连片特困区产业精准扶贫模式构建目标

根据第5章的研究结论，精准的产业扶贫模式最突出的参考标准是该类型产业扶贫模式能否得到贫困农户的认可和满意。要使得某一类型产业扶贫模式得到贫困农户的认可和满意，首先，该类产业扶贫模式应与贫困农户的基础条件相匹配，对贫困农户适用；其次，应能够最大限度发挥产业扶贫效果；最后，该类产业扶贫模式还应该能够有效利用扶贫资源，降低扶贫成本，提升扶贫效率。基于以上分析，总结出新疆连片特困区产业精准扶贫模式构建目标，具体如下：

（1）增强产业扶贫模式的适用性。

扶贫模式的适用性是扶贫开发工作得以顺利开展的重要前提。只有扶贫模式对贫困农户适用，贫困农户才会接受该类扶贫开发模式，参与到相应的扶贫开发活动当中，扶贫部门制定的扶贫政策、项目也才能有机会发挥其扶贫带动功能。具体到产业扶贫模式，增强产业扶贫模式对贫困农户的适用性是构建产业扶贫模式的一个重要目标和准则。产业扶贫模式对贫困农户的适用性的具体要求如下：该产业扶贫开发模式能够有效解决贫困农户发展生产中存在的困境，最大限度满足贫困农户的发展诉求，从而最大化地调动贫困农户发展生产的积极性和热情。本书对于新疆连片特困区产业精准扶贫模式的构建应从有效解决贫困农户发展生产存在的困境、最大限度满足农户发展诉求和最大化调动贫困农户参与积极性等相关维度入手，有效增强产业扶贫模式的适用性。

（2）提升产业扶贫效果。

对于扶贫开发工作来说，制定什么样的政策、设计什么样的项目，采取什么样的模式，核心目标均为实现贫困群体和贫困地区脱贫致富。具体到产业扶贫开发工作来说，笔者认为产业扶贫的效果既应包括贫困农户收入的稳定增加、生产技能的提升以及发展思想观念的转变，又应涉及农村科学技术的发展、产业竞争力的提升和乡村生态环境的改善等。产业扶贫模式是产业扶贫开发工作的具体方式，对其进行精准构建一个非常重要的参考标准，即其是否可以有效提升产业扶贫工作对增加贫困农户收入、提升贫困农户生产技能、转变农户思想观念的带动作用，以及充分发挥其对推动农村科技发展、培育农村产业竞争力和优化乡村生态环境，改善村容村貌的功能。本书对于新疆连片特困区产业精准扶贫模式的构建，也应满足上述要求，即有效提升产业扶贫开发工作的效果。

（3）提高产业扶贫效率。

对于贫困地区扶贫开发工作来说，降低扶贫开发成本、提高扶贫开发效率也是贫困地区扶贫开发部门制定扶贫开发政策、设计扶贫开发项目的过程中重点关注的一个问题。提升产业扶贫开发效率，一方面要求扶贫组织的扶贫资源可以公平、公正地传递给贫困农户；另一方面扶贫组织的扶贫资源可以被充分、有效地开发和利用。与此同时，产业扶贫与“直接给钱”的“输血式”扶贫有所不同，其核心方式除了贫困群体借助扶贫组织的帮扶资源、政策外，还利用自有资金、土地、劳动力等生产资料发展生产，来实现自身的可持续“造血”功能。因此，贫困农户自有资金、土地、劳动力等生产资料的利用效率也是产业扶贫工作效率的重要构成部分，即提升产业扶贫效率，也应该有效提升农户自有资金、土地、劳动力等生产资料的利用效率。本书对于新疆连片特困区产业精准扶贫模式的构建，一个重要目标是有效提升产业扶贫开发工作效率，即实现扶贫资源公平、公正地向贫困农户投放，充分开发利用扶贫组织的扶贫资源和贫困农户的自有资源等。

7.1.2 新疆连片特困区产业精准扶贫模式构建原则

结合前文精准扶贫的内涵，精准扶贫核心思想是针对不同类型贫困农户的贫困程度、致贫原因等制定不同的帮扶措施，做到因贫施策和因户分类施策。因此，精准扶贫的精髓为因贫施策、因户分类施策。扶贫开发工作要想做到因贫施策、因户分类施策，仅仅依靠政府是远远不够的，应将贫困农户、扶贫专家、中介组织、国际组织等均纳入扶贫开发工作当中，实现多维参与，发展“参与式”扶贫。对于新疆连片特困区产业精准扶贫模式的构建也应该严格贯彻落实精准扶贫的理念和“参与式”扶贫理念，坚持因贫施策、因户分类施策以及多维参与等原则。

（1）因贫施策原则。

因贫施策的核心理念主要为针对贫困农户的致贫原因制定相应的帮扶措施，从而有针对性地开展扶贫开发工作。因贫施策原则与我国当前主流的扶贫开发理念相吻合，我国扶贫开发工作的一般原则也为从贫困农户的致贫原因出发，制定相应的政策，设计一定的扶贫项目，消除贫困农户的致贫原因。具体到新疆连片特困区产业精准扶贫模式设计来看，也应该始终坚持因贫施策的原则，自始至终从贫困农户的致贫原因入手，因户制宜地设计出能够有效消除贫困农户发展生产困境的产业扶贫开发模式。

（2）因户分类施策原则。

对于贫困地区的贫困农户来说，其致贫原因、发展诉求、家庭资源禀赋等往往存在明显的差异。因此，“一刀切”“大漫灌”的扶贫开发方式，很难完全匹配全部贫困农户的基础条件和发展诉求，也无法有效调动全部农户参与扶贫开发工作的热情和积极性，扶贫开发工作效果和效率往往大打折扣。当前，精准扶贫理念要求针对贫困农户开展扶贫开发工作，应做到“滴灌”帮扶，坚持因户施策、分类施策。因户施策、分类施策的核心是针对不同类型贫困农户的基础条件和发展诉求，有针对性地、有区别地制定帮扶措施。对于新疆连片特困区的产业精准扶贫模式构建工作来说，也应该始终坚持因户施策、分类施策原则，根据不同贫困农户的基础条件和发展诉求，差异化地设计产业扶贫开发模式类型。

（3）多维参与原则。

就当前我国扶贫开发工作具体流程来看，其涉及贫困对象的精准识别、帮扶措施的精确设计、帮扶过程的精确监管以及帮扶结果的精确考核等多个层面的内容。但仅仅依靠政府部门是很难完全有效地胜任上述全部工作的。具体来说，如对于贫困对象的精准识别，如果没有贫困农户和村委会的广泛参与，仅仅依靠政府部门很难将真正贫困的农户精确地甄选出来，更不用说后续帮扶措施的精确设计、帮扶过程和结果的精确监管和考核了。因此，坚持多维参与，推行“参与式”扶贫理念也是目前贫困地区扶贫开发工作应当始终严格贯彻落实的原则。对于新疆连片特困区产业精准扶贫模式构建相关工作来说，也应该始终坚持多维参与的原则，将贫困农户、扶贫专家、中介组织等均纳入产业扶贫模式的设计当中，充分听取和借鉴各参与主体的意见和建议，并根据各参与主体的意见和建议构建产业扶贫模式，切实保证产业扶贫开发模式的适用性和可行性。

7.2 新疆连片特困区产业精准扶贫模式构建流程

对于扶贫开发工作来说，要保证扶贫政策、措施的精准性，除了严格坚持扶贫政策、措施制定原则外，一套科学、完备的扶贫政策、措施制定程序也是非常有必要的。笔者在广泛阅读大量产业扶贫相关材料和文献，以及与扶贫一线工作人员和扶贫专家充分交流基础上，设计出新疆连片特困区产业精准扶贫模式构建的一般流程，具体如图 7 –1 所示。

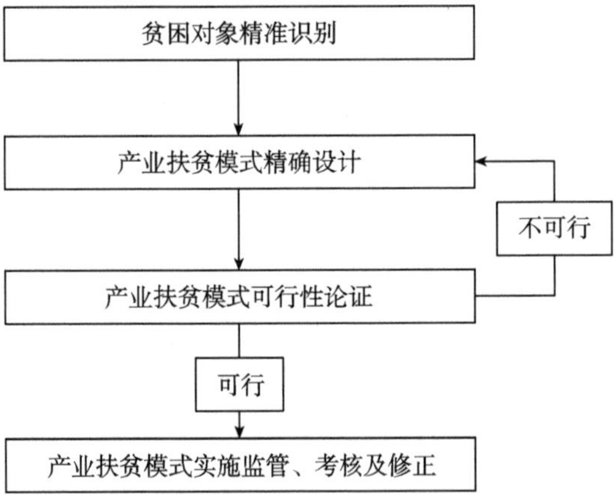

图 7 –1　新疆连片特困区产业精准扶贫模式构建流程

7.2.1 贫困对象精准识别

贫困对象的精准识别是整个扶贫开发工作得以顺利开展的重要前提和基础。

只有对贫困对象进行精准识别，定位准真正贫困的群体，把握准贫困群体的致贫原因和发展诉求，扶贫开发部门制定帮扶措施和项目才能有理有据、有的放矢。具体到产业扶贫模式构建，要想使所构建的产业扶贫模式能够精确匹配贫困农户的基础条件，准确对接贫困农户的发展诉求，一个非常重要的前提是对贫困对象进行精准识别，精确甄选出真正贫困的群体，并精准把握贫困对象的致贫原因、家庭资源禀赋、发展诉求等贫困对象的基础条件。因此，构建新疆连片特困区产业精准扶贫模式，对新疆连片特困区贫困对象进行精准识别是第一步，同时也是最基础和关键的一步。

7.2.2 产业扶贫模式精确设计

产业扶贫模式精确设计是整个产业扶贫模式构建流程的核心环节。产业扶贫模式的精确设计要求扶贫开发工作人员将贫困农户、驻村工作组（大学生村官、科技特派员）、中介组织以及扶贫专家等均纳入产业扶贫开发模式设计当中，在遵循因贫施策原则、因户分类施策原则的基础上，充分听取产业扶贫模式设计各参与主体的意见和建议，定位产业精准扶贫模式构建的切入点，提出产业扶贫模式的具体方案。

7.2.3 产业扶贫模式可行性论证

对于一个完整的产业扶贫开发模式构建流程来说，产业扶贫开发模式可行性论证也是一个必不可少的环节。在针对贫困农户推行产业扶贫模式之前，就产业扶贫模式的可行性和适用性进行科学、严谨的论证，可以有效降低因产业扶贫模式不可行而造成的对农户利益的损害和扶贫资源的浪费。对于产业扶贫模式可行性的论证，首先，应对贫困农户进行广泛调查，充分听取贫困农户的意见。这主要是因为，对于扶贫部门来说，不论提出什么样的产业扶贫模式，其最终参与执行的对象均为贫困对象。其次，应将扶贫专家纳入产业扶贫模式的论证中，从理论上来论证产业扶贫模式的可行性。最后，应广泛听取驻村工作组（大学生村官、科技特派员）、中介组织、国际组织的意见和建议，将驻村工作组（大学生村官、科技特派员）、中介组织、国际组织等也纳入产业扶贫模式可行性论证相关工作当中。

7.2.4 产业扶贫模式实施监管、考核及修正

根据前文的研究结果，产业扶贫开发模式从制定到针对贫困农户进行全面实施往往存在一定的时滞性。同时贫困农户的贫困状况、发展诉求又常常处于不断

的变化之中。这也就使得产业扶贫开发模式在针对贫困农户实施之后，应对产业扶贫开发模式的实施过程进行实时监管，对于产业扶贫模式的实施结果进行全面系统的考核，并且根据产业扶贫模式的实施状况以及实施过程中存在的相应的问题进行及时的调整和修正，以保证产业扶贫开发模式可以始终与贫困农户的贫困状况和发展诉求相匹配。因此，对于新疆连片特困区产业精准扶贫开发模式构建来说，产业扶贫模式实施监管、考核及修正也是构建精准的产业扶贫开发模式的一个必备的重要环节，如图7-1所示。

前文研究结论指出完整的产业扶贫开发模式构建流程包括贫困对象精准识别，产业扶贫模式精确设计，产业扶贫模式可行性论证，产业扶贫模式实施监管、考核与修正等多个环节。鉴于产业扶贫模式可行性论证及产业扶贫模式实施监管、考核与修正两个环节的工作需要在产业扶贫模式设计成形之后才能得以开展。因此，本章对于新疆连片特困区产业精准扶贫模式构建，重点阐释笔者在新疆连片特困区贫困对象精准识别和产业扶贫模式精确设计两个环节的具体做法以及得到的相关结论。

7.3 新疆连片特困区贫困对象精准识别

就产业精准扶贫模式构建流程来看，贫困对象的精准识别是新疆连片特困区产业精准扶贫模式构建的第一步，同时也是最基础和最重要的一步。同时，鉴于本书的研究核心为产业扶贫相关问题，本章对于贫困农户的精准识别，重点落脚在贫困农户发展生产困境维度的精准识别。基于此，本书拟借助三地州714份贫困农户调查问卷数据，运用有序PROBIT模型对贫困农户发展生产困境进行甄选，对贫困农户进行精准识别。

7.3.1 变量设置

（1）因变量设置。

本章的研究重点为借助三地州714份贫困农户调查问卷数据，运用有序PROBIT模型精确识别贫困农户发展生产困境，以精准定位贫困农户产业精准扶贫模式构建的具体的方向。因此，因变量应甄选能够精确衡量贫困农户发展生产状况的相关指标。农户经营性收入可以较好地衡量贫困农户发展生产的基本状况。因此，笔者拟选用农户经营性收入作为贫困农户发展生产状况的衡量指标。在问卷设计中，将贫困农户上一年度的经营性收入划分为五个等级，依次为0～2000元、2000～4000元、4000～6000元、6000～8000元和8000元以上，并赋值为“1”“2”“3”“4”“5”，表示贫困农户发展生产质量依次增强。贫困农户对其上一年度生产经营性收入评价结果如表7-1所示。

表7-1 三地州贫困农户经营性收入状况统计

农户经营性收入	对应指标赋值	样本频数	百分比（%）	累计百分比（%）
0～2000元	1	77	10.78	10.78
2000～4000元	2	186	26.05	36.83
4000～6000元	3	349	48.89	85.72
6000～8000元	4	81	11.34	97.06
8000元以上	5	21	2.94	100.00

（2）生产困境相关变量选择。

实践证明，农户生产经营活动是一个系统性工程，涉及原材料采购、产品生产、产品销售等多个环节。基于研究视角差异，学者从多个维度对贫困农户生产困境展开研究，归纳起来涉及物质资本、发展能力、发展机会以及自然发展条件外部环境四个维度。笔者结合前文研究基础，拟从上述四个维度甄选农户发展生产困境相关衡量指标，具体如下：

1）物质资本维度指标。一方面土地是农户赖以生存的最基本要素，土地资源匮乏是大部分农户发展生产面临的共同困境；另一方面落后、陈旧的生产工具以及生产经营性用房的匮乏，如农户养殖棚圈的欠缺等造成农户很难有效扩大生产规模，也无法高质、高效地完成生产经营活动，限制农户增收，是目前农户长期陷入贫困的一个重要原因。本书结合前文结论，甄选农户物质资本维度发展生产困境指标：耕地资源稀缺性（x1）、农业机械状况（x2）、家庭牲畜（禽类）养殖规模状况（x3）以及生产经营用房状况（x4）。预期这四个指标均在一定程度上限制了农户发展生产质量的提升。

2）发展能力维度指标。一方面教育匮乏、生产技能和经验缺失是造成农户生产质量不高、效率低下的根本性原因。另一方面除了教育匮乏、生产技能和经验缺失等外，思想观念陈旧也是农户发展生产中的一个障碍因素，农户生产、生活方式懒散，“等、靠、要”依赖思想严重等，造成农户生产积极性不高，生产随意性大，使农户产业增收有限，也极易使其长期陷入贫困之中。此外，贫困农户是否有充足的劳动力也是衡量农户是否可以有序开展生产经营活动的一项重要指标（宋彦峰，2010）。本书甄选农户发展能力维度发展生产困境指标为：文化知识状况（x5）、生产技能状况（x6）、生产经验状况（x7）、发展观念状况（x8）、劳动力状况（x9）。预期这五个指标对农户发展生产具有显著的阻碍作用。

3）发展机会维度指标。西部民族地区之所以产业发展落后，农户长期贫困，除了农户物质资本匮乏和专业知识与技能短缺外，农户发展机会缺失也是重要的原因。无法及时获得信贷支持和技能培训的机会，无法及时接触新科技都使贫困农户无法革新生产方式，从而深陷贫困恶性循环之中。除此之外，农户市场信息渠道不畅，农户因市场信息匮乏无法准确判断市场供需变化，也无法及时了解产品销售信息和渠道，一方面造成农户盲目生产，另一方面导致农户产品滞销，这些都阻碍了农户生产的可持续性，也是造成农户长期贫困的一个重要原因。本书将贫困农户发展机会维度发展困境指标设置为：获得市场信息便利性状况（x10）、获得信贷支持状况（x11）、接触新科技（新产品）便利性状况（x12）、获得技能培训机会状况（x13）。预期这四个指标也会在一定程度上阻碍农户健康、有序发展生产，增加农户贫困深度。

4）自然发展条件维度指标。本书将农户自然发展条件维度变量设置为：自然灾害状况（x14）、距附近城镇距离（x15）两个指标进行衡量。预期这两个指标对贫困农户发展生产也具有显著的负向影响。

物质资本、发展能力、发展机会、自然发展条件四个维度农户发展生产困境相关变量的具体名称、相关解释、均值、方差和预期的影响方向如表 7－2 所示。

表 7－2　三地州贫困农牧民发展生产困境变量统计

变量		变量解释及说明	均值	标准差	预期
物质资本	耕地资源稀缺性（x1）	5＝2 亩以下，4＝2～5 亩，3＝5～10 亩，2＝10～15 亩，1＝15 亩以上	4.75	0.359	＋
	农业机械状况（x2）	家庭拥有拖拉机、手扶拖拉机、灌溉设备、电动打谷机以及其他农用机械数量：1＝两种以下，0＝两种及以上	1.76	0.398	＋
	家庭牲畜（禽类）养殖规模状况（x3）	饲养牲畜（禽类）数量：4＝5 只羊及以下（相同价值其他牲畜或禽类），3＝5～10 只羊（相同其他牲畜或禽类），2＝10～15 只羊（相同其他牲畜或禽类），1＝15 只羊及以上（相同价值其他牲畜或禽类）	2.16	0.489	＋
	生产经营用房状况（x4）	家中是否建有生产经营用房：1＝没有，0＝有	0.85	0.487	＋

续表

变量		变量解释及说明	均值	标准差	预期
发展能力	文化知识状况（x5）	学历水平：4＝小学及以下，3＝初中，2＝高中（中专），1＝大专及以上	3.10	0.402	+
	生产技能状况（x6）	能否达到生产活动对自身生产技能要求：无法达到＝1，可以达到＝0	0.78	1.158	+
	生产经验状况（x7）	能否达到生产活动对自身生产经验要求：无法达到＝1，可以达到＝0	0.12	1.033	+
	发展观念状况（x8）	是否愿意采用新的科技、品种或生产工具：1＝不愿意，0＝愿意	0.66	1.168	+
	劳动力状况（x9）	生产经营活动中是否存在劳动力欠缺问题：1＝欠缺，0＝不欠缺	0.23	0.178	+
发展机会	获得市场信息便利性状况（x10）	获得农牧业等相关信息是否便利：1＝不便利，0＝便利	0.87	0.391	+
	获得信贷支持状况（x11）	是否可以获得信贷资金支持：难以获得＝1，可以获得＝0	0.68	0.720	+
	接触新科技（新产品）便利性状况（x12）	是否可以及时接触新的科技、产品等：难以接触＝1，可以获得＝0	0.89	0.438	+
	获得技能培训机会状况(x13)	是否可以及时获得技能培训机会：难以获得＝1，可以及时获得＝0	0.28	0.483	+
自然发展条件	自然灾害状况（x14）	所在辖区自然灾害发生频率：非常不频繁1－2－3－4－5非常不频繁	0.73	0.442	+
	距附近城镇距离（x15）	1＝10公里以下，2＝10～20公里，3＝20～30公里，4＝30～40公里，5＝40公里以上	4.34	0.473	+

7.3.2 农户精准识别模型设定

根据问卷设计，三地州农户家庭经营性收入为顺序关系，Y_i 为有序变量，非常适合运用有序Probit模型进行分析。有序Probit模型（Ordered Probit Model）是一种受限因变量模型（Limited Dependentvariable Model），它运用可观测的有序反映数据建立模型来研究不可观测的潜变量（Latentvariable）变化规律。如本书中的被解释变量“新疆三地州贫困农牧民生产状况”即为一种潜变量，其结构线性形式如下：

$$Y^{*}=X'_{i}\beta+\varepsilon_{i} \qquad i=1,\ 2,\ 3,\ 4,\ \cdots,\ i \tag{7-1}$$

式中，i 表示样本序号，β 表示参数向量，是待求的一组参数，x_i 表示自变量矢量，表示可能影响贫困农牧民发展生产的一组解释变量的观测值，ε_i 表示随机误差项。Y^* 表示贫困农牧民发展生产状况的潜变量，是一个不可观测的变量，通过可观测的 Y_i 与 Y^* 之间的关系来代表。可观测变量 Y_i 与被解释变量 Y^* 存在的关系如下：

$$Y_i=\begin{cases}1(0\sim2000\text{ 元}) & Y^*<\alpha_1\\ 2(2000\sim4000\text{ 元}) & \alpha_1<Y^*<\alpha_2\\ 3(4000\sim6000\text{ 元}) & \alpha_2<Y^*<\alpha_3\\ 4(6000\sim8000\text{ 元}) & \alpha_3<Y^*<\alpha_4\\ 5(8000\text{ 元以上}) & Y^*>\alpha_4\end{cases} \tag{7-2}$$

式中，Y_i 是离散变量，且取值为 1，2，3，4，5，表示第 i 个样本对其贫困程度的评价。α_i 是一组新参数，是决定样本组别的分界线，有 $\alpha_1<\alpha_2<\alpha_3<\alpha_4$。$Y^*$ 被划分为五个互不重叠的区间，Y_i 表示某个具体的观察值落到了哪个区间，Y_i 取到一特定值 j 的概率为：

$$\ln L=\sum_{i=1}^{n}\sum_{j-1}^{j}Y_{ij}\ln[\phi(\alpha_j-X'_i\beta)-\phi(\alpha_{j-1}-X'_i\beta)] \tag{7-3}$$

式中，F 为 ε_i 的累积分布函数，其中 $1\leqslant j\leqslant5$。现假设误差项 ε_i 服从标准正态分布，则 F 满足标准正态分布累积函数的条件，有：

$$\frac{\varepsilon_i}{X_i}\sim(0,\ \delta^2) \tag{7-4}$$

如此把新疆连片特困区贫困农牧民发展生产状况观测值 Y_i 作为被解释变量，建立标准有序 Probit 模型，其对数似然函数为：

$$\begin{aligned}P(Y_i=j)&=P(\alpha_{j-1}\leqslant Y^*<\alpha_j)=P(\alpha_{j-1}-X'_j\leqslant\varepsilon_i<\alpha_i-X'_i\beta)\\&=F(\alpha_j-X'_i\beta)-F(\alpha_{j-1}-X'_i\beta)\end{aligned} \tag{7-5}$$

式中，ϕ 为标准正态分布的累积函数。通过最大化对数似然函数式，即可估计出有序 Probit 模型中的系数 β 和参数 α_i。估计所得的 β 值就是本书的“新疆连片特困区农户生产困境因素”系数。

7.3.3 实证过程及结果分析

本书运用 EViews 软件进行估计，模型 1 探究物质资本、发展能力、发展机会和自然发展条件 4 个维度变量对贫困农牧民发展生产状况影响。结果表明，在模型1中，存在部分变量不显著。因此，在模型1回归结果的基础上，剔除不显著的解释变量，进行二次回归估计，得到优化模型2。模型1和模型2的具体回归结果如表7－3所示。

表7－3　三地州贫困农牧民精准识别结果

变量		模型1		模型2	
		系数	P值	系数	P值
物质资本	耕地资源稀缺性（x1）	－0.719*	0.0638	－0.707***	0.0093
	农业机械状况（x2）	－0.181*	0.0682	－0.147***	0.0096
	家庭牲畜（禽类）养殖规模状况（x3）	－0.587**	0.0178	－0.524***	0.0067
	生产经营用房状况（x4）	－0.053	－0.1001	—	—
发展能力	文化知识状况（x5）	－0.178**	0.0439	－0.147**	0.0041
	生产技能状况（x6）	－0.817***	0.0043	－0.895***	0.0048
	生产经验状况（x7）	－0.039	0.1071	—	—
	发展观念状况（x8）	－0.214**	0.0464	－0.332**	0.0257
	劳动力状况（x9）	－0.336***	0.0003	－0.362***	0.0013
发展机会	获得市场信息便利性状况（x10）	－0.854***	0.0005	－0.911**	0.0136
	获得信贷支持状况（x11）	－0.712*	0.0838	－0.729*	0.0654
	接触新科技（新产品）便利性状况（x12）	－0.246**	0.0096	－0.189**	0.0133
	获得技能培训机会状况（x13）	－0.038	0.4910	—	—
自然发展条件	自然灾害状况（x14）	－0.358**	0.0258	－0.298**	0.041
	距附近城镇距离（x15）	－0.672**	0.0200	－0.774**	0.011
Log likelihood		－331.3554		－396.051	
Pseudo R－squared		0.0459839		0.030717	
N		714		714	

注：*、**、***分别表示在10%、5%和1%的显著性水平下显著。

表7－3的回归结果显示，模型1和模型2均比较好地通过了异方差、方程显著性等基本的计量经济学检验，进一步分析表7－3可以得到以下结论：

（1）贫困农户物质资本维度农户发展生产困境实证结果分析。

耕地资源稀缺性（x1）和家庭牲畜（禽类）养殖规模状况（x3）在1%的显著性水平下，显著负向影响农户发展质量（经营性收入），影响系数分别为－0.707、－0.524。对于农户开展生产经营活动来说，要想有效提高其生产经营质量，提升生产经营性收入，一方面农户应具备充足的土地资源；另一方面农户养殖规模应达到一定水平。新疆三地州农户一方面土地资源稀缺，人均耕地面积不足；另一方面牲畜（禽类）养殖规模较小，养殖增收潜力没有得到有效发挥等均限制了农户经营性收入增加，使农户长期陷入贫困。农业机械状况（x2）也在1%的显著性水平下，正向影响贫困农户贫困程度。在生产经营活动中，要使生产要素转化为现实收入，必须具备先进农业生产工具，以保证生产经营活动高质、高效。新疆三地州贫困农户因资金短缺，无力购买先进农业生产工具，生产工具落后陈旧且更新缓慢，制约了农户生产质量和生产效率的提升，生产要素创收作用严重打折。生产经营用房状况（x4）的影响系数不显著，得益于“庭院经济”项目在新疆三地州广泛推行。新疆三地州按照“前厅、中院、后棚”的标准，为贫困农户建设标准化的牲畜养殖棚圈等生产经营用房，生产经营用房的短缺问题得到有效缓解。

（2）贫困农户发展能力维度发展生产困境实证结果分析。

在贫困农户发展能力维度的四个指标中，贫困农户生产技能状况（x6）在1%的显著性水平下，显著负向影响农户经营性收入（生产质量）。文化知识状况（x5）和发展观念状况（x8）在5%的显著性水平，显著负向影响贫困农户经营性收入。首先，对于贫困农户生产技能来说，无论是其发展什么类型的产业，必须有较高的生产技能与生产要素相结合，生产要素才能得到最大化的利用，收入才能得到最大限度的提升。目前南疆三地州贫困农户生产技能普遍匮乏，造成生产要素利用效率不足，是造成贫困农户经营性收入偏低的一个重要原因。其次，对于文化知识和发展观念两个指标，一般认为文化知识和发展观念是贫困农户学习、接受和掌握生产技能的前提和基础。文化知识欠缺的农户，学习和掌握生产技能的能力则相对欠缺；发展观念陈旧的人，对学习新的生产技能和使用先进生产工具和科技往往存在一定的抵触情绪。除此之外，贫困农户文化知识的高低也在一定程度上左右农户对市场变化的判断能力，贫困农户因文化知识欠缺造成对市场变化判断不准确，从而盲目发展生产，也诱发其增收不畅的问题。农户劳动力状况（x9）在统计学上也具有显著意义，在1%的显著性水平下，也显著负向影响贫困农户发展生产质量，也是贫困农户发展生产的一个重要困境。生产经验状况（x7）对贫困农户贫困程度影响不显著，这可能是因为贫困农户长期从事生产经营活动，自认为经验较为丰富，盲目自信。

（3）贫困农户发展机会维度发展生产困境实证结果分析。

获得市场信息便利性状况（x10）在5%的显著性水平下，显著影响了农户发展生产质量，且影响系数达到 -0.911。对于贫困农户来说，无法及时掌握市场信息，一方面造成其对市场供需变化判断不准确，造成生产经营活动盲目，产品生产与市场需求相背离的问题；另一方面对市场销售信息了解不及时，把握不准确，造成贫困农户产品销售困难，甚至于滞销的问题。获得信贷资金支持状况（x11）对农户发展生产影响也具有显著的负向影响，且系数达到 -0.729。目前，新疆三地州财政扶贫资金和小额信贷资金虽然在一定程度上缓解了贫困农户发展生产面临的资金短缺问题，但其对农户发展生产对资金的需求来说，依然严重不足，存在较大的缺口。上文中新疆三地州贫困农户牲畜（禽类）养殖规模不足和农机具更新换代缓慢就是一个很好的佐证。接触新科技（新产品）便利性状况（x12）在5%的显著性水平下，对贫困农户生产质量也具有显著的负向影响，即新疆三地州贫困农户无法有效接触和使用最新的生产科技与产品，生产方式传统、原始，也在一定程度上造成农户生产效率不高、产品质量低下的问题。获得技能培训机会状况（x13）的影响系数不显著，这主要得益于近年来南疆三地州各类农村夜校、农业培训学校以及各类生产技能培训机构的大量建立，使贫困农户有充足的机会接受各类技能培训，即技能培训机会欠缺不再是农户发展生产困境的一个重要因素。

（4）贫困农户自然发展条件维度发展生产困境实证结果分析。

本书中，贫困农户发展生产困境的两个发展外部自然条件维度变量中，自然灾害状况（x14）对贫困农户发展生产在5%的显著性水平下，具有负向影响，影响系数为 -0.298。即南疆三地州贫困地区生态环境脆弱、自然灾害频发制约了当地农户生产经营活动的顺利开展，也是造成该地区农户长期贫困的一个重要因素。距附近城镇距离（x15）在5%的显著性水平下，对贫困农户贫困程度也具有显著影响，且影响系数达到 -0.774。贫困农户远离市场，一方面与市场互动机会欠缺，无法准确判断市场供需变化；另一方面农户无法顺利进入农资市场和产品市场，造成农户购买农资产品和销售产品不畅的问题。前文中获得市场信息便利性状况（x10）对农户发展生产质量的影响系数高达 0.911。也较好地说明了贫困农户远离城镇、市场对其生产经营活动的负面影响。

7.3.4　贫困农户精准识别结果讨论及贫困农户类型划分

就新疆三地州贫困农户发展生产困境实证结果来看，目前新疆三地州贫困农户在发展生产的过程中普遍存在以下几个方面的困境：一是贫困农户家庭普遍地处偏远，远离中心城镇和农资、产品市场，同时农村信息化发展滞后，农户无法及时、有效地与市场互动，也无法精确判断市场供求变化趋势、及时掌握产品销售信息；二是贫困农户文化层次较低，发展观念落后陈旧，贫困农户在生产经营活动中普遍存在生产技能欠缺的问题；三是政府扶贫专项资金和金融机构的小额信贷资金对贫困农户发展生产来说，无法有效满足贫困农户发展生产的资金需求，贫困农户发展生产在一定程度上面临资金短缺的问题；四是部分家庭因患病、残疾或老迈，在参与生产经营活动中，出现劳动力供给不足的问题；五是土地资源相对稀缺且自然灾害频发。在土地资源刚性和自然灾害无法充分有效规避的前提下，落脚到产业扶贫，综合来看，则重点解决贫困农户发展生产面临的市场、资金、技术、劳动力某一方面或几方面短缺的问题。

同时，就农村地区农户发展生产的现实情况来看，有劳动能力农户和无劳动能力农户，其在对接当地特色产业，嵌入产业链条的方式存在显著差异。具体来说，无劳动能力的贫困农户在发展生产过程中，因劳动能力的匮乏，往往无法依靠自身力量来自主开展生产经营活动，更多依靠土地、资金等生产要素和资源参与产业发展，分享产业发展红利。对其开展产业扶贫，重点应落脚在其发展生产过程中的劳动力短缺问题上，有效推动其通过土地、资金等生产要素嵌入产业链条；有劳动能力的贫困农户，因其在发展生产的过程中，一般依靠自己的力量来发展生产，参与产业链条，需要技术、资金、市场等产业发展要素与自身劳动力相结合。因此，对于这部分贫困群体来说，对其开展产业扶贫，应重点落脚在这部分贫困群体市场、资金、技术等方面，解决他们发展生产中遇到的市场、资金或技术等方面的困境。基于以上分析，笔者认为对于新疆三地州开展产业扶贫，构建产业精准扶贫模式，首先应从贫困农户劳动力的有无状况进行区别对待，有所侧重。因此，在后文新疆连片特困区产业精准扶贫模式构建的过程中，对贫困农户根据其劳动能力状况进行相应分类，并针对无劳动能力贫困农户和有劳动能力贫困农户，分别构建与其基础条件相匹配的产业精准扶贫模式。对新疆连片特困区贫困对象类型的划分如图 7－2 所示。

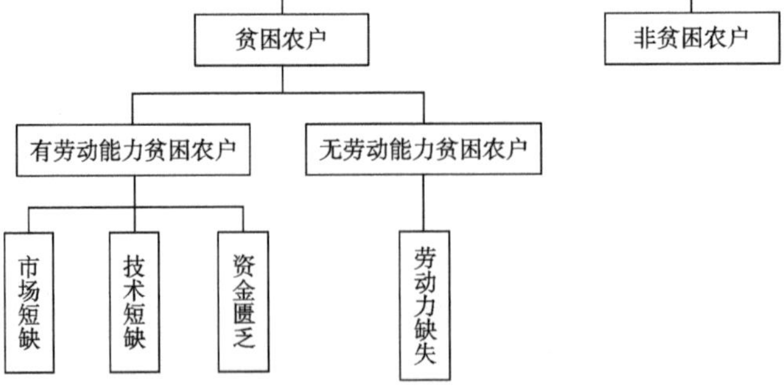

图 7－2　新疆连片特困区贫困对象类型划分结果

7.4 新疆连片特困区产业精准扶贫模式构建切入点定位

前文对新疆连片特困区贫困农户进行精准识别，厘清了贫困农户发展生产面临的现实困境，较为明确地厘清了新疆连片特困区产业精准扶贫模式构建的具体方向和基本构成要素。那么，对于新疆连片特困区贫困农户来说，构建什么样的产业精准扶贫模式才能有效破解贫困农户发展生产的困境呢？什么样的产业精准扶贫模式才是最精准、适用的呢？根据前文的研究结论，笔者认为精准的产业扶贫模式设计应在坚持多维参与的基础上，遵循因贫施策、因户分类施策等原则开展。因此，笔者将贫困农牧民、基层一线扶贫工作人员（乡村扶贫专干、驻村工作组、大学生村官、科技特派员）以及扶贫专家均纳入三地州贫困农户产业扶贫模式设计当中。通过对他们进行访谈，确定新疆连片特困区产业精准扶贫模式应重点解决贫困农户发展生产的哪些困境和产业精准扶贫模式设计应注意哪些事项，以精确定位新疆连片特困区产业精准扶贫模式构建的切入点和确切方向。

7.4.1 贫困农牧民访谈结果及分析

共访谈了10位贫困农牧民，其中和田地区四位、喀什地区四位、克州地区两位；七位有劳动能力、三位没有劳动能力。访谈的核心问题为：贫困农户在发展生产的过程中，扶贫部门应该着重解决你们遇到的哪些问题。贫困农牧民的访谈结果，归纳梳理如下：

（1）有劳动能力贫困农牧民。

当地政府首先应该有效解决农户产品销售难、价格低的问题，目前贫困农户在发展生产的过程中，普遍存在销售难、价格低，农户增产不增收的问题，特别是种植林果，这一问题尤为突出。其次，当地政府还应解决农户发展生产过程中遇到的资金短缺问题。目前贫困农户在发展生产中存在的最突出的问题依然是缺乏资金去购买生产资料和先进的生产工具的问题。同时，因资金的缺乏，生产规模也没办法得到相应的扩张。最后，部分农户也反映了没有相应的技术去发展生产的问题，特别是村庄在推行新的产业扶贫项目时，自己很难胜任生产工作，往往造成产品产量较低，产品质量也较差的问题。因此，解决贫困农户的技术短缺问题，也是当地政府应着重考虑的。

（2）没有劳动能力贫困农牧民。

没有劳动能力贫困农户关注点有所不同。他们一方面希望当地政府能够帮助其将自有土地通过一定的渠道流转出去，赚取一定的租金，避免土地撂荒而带来的“没有收成”的经济损失；另一方面他们希望当地政府能够帮助他们将满足自身生活情况下节余的扶贫资金，通过一定的途径进行投资，实现“钱生钱”的目的。

——三地州10位贫困农户访谈结果

综合来看，不同类型贫困农户，其在发展生产中的困境和诉求有所不同，特别是针对有无劳动能力的贫困农户，其发展诉求存在明显的差异性。具体来说，对于无劳动能力贫困农户，其发展诉求的核心为希望扶贫部门为其通过资金、土地等生产资料嵌入产业发展相关环节，实现可持续“造血”增收目的提供相应的渠道和途径，以解决他们因劳动能力短缺而无法有效开展生产经营活动的问题。对于有劳动能力贫困农户来说，其发展诉求也有所差异，但总体来看，均为希望当地扶贫开发部门帮助其解决发展生产中遇到的市场、资金或技术短缺的某方面或多方面的问题，即对于有劳动能力贫困农户来说，其发展诉求的重点为当地政府帮助其解决其发展生产中面临的市场、资金或技术短缺的问题。

7.4.2 一线扶贫人员（乡村扶贫专干、驻村工作组、大学生村官、科技特派员）访谈结果及分析

在产业扶贫模式设计过程中，共访谈了五位基层一线扶贫工作人员，喀什地区三位，克州和和田地区各一位。其中乡村扶贫专干两位，驻村工作组成员两位，大学生村官一位。访谈核心问题有两个：第一，贫困农户在发展生产的过程中，应该着重解决他们遇到的哪些问题？第二，扶贫部门在开展产业扶贫的过程中应如何解决贫困农户发展生产中遇到的问题？一线扶贫工作人员的访谈结果，归纳梳理如下：

一线扶贫工作人员均指出，有效解决贫困农户发展生产面临的市场、资金或技术短缺的问题是目前针对贫困农户开展产业扶贫应该高度关注和重点解决的问题。同时，也有部分一线扶贫工作人员指出，在土地等农户生产要素匮乏的情况

下，即使解决了贫困农户发展生产遇到的资金、技术和市场短缺的问题，但就目前贫困农户仅依靠出售原材料和初级产品来看，其对贫困农户的增收带动作用也是非常有限的。通过一定的渠道和途径，让贫困农户分享到产品从生产、加工、流通到销售全部环节的利润，与仅出售原材料和初级产品相比，其增收作用或许更为突出。

在如何解决贫困农户发展生产面临的资金、技术、市场短缺这一问题上，扶贫工作人员普遍认为仅依靠村中大户、能人与贫困农户开展抱团互助合作经营，带动贫困农户发展生产这一方式并不是最可靠的，其纷纷指出新疆三地州贫困乡村大户、能人无论是数量还是带动能力与内地省（区）相比均不可同日而语，必须引入企业，特别是扶贫龙头企业，由他们为贫困农户发展生产提供技术、市场方面的支持，贫困农户发展生产面临的资金、技术、市场等困境才能得到彻底的解决。与此同时，部分扶贫工作人员也指出，村中大户、能人与贫困农户开展合作经营的方式也并非一无是处，村中的能人、大户其在天然上与农户更亲近，在组织农户生产、调动农户生产积极性等方面具有得天独厚的优势。合作经营方式可以作为组织农户生产、经营的方式在产业扶贫开发中被保留下来。

在如何让贫困农户分享产品生产、加工、流通、销售全部环节的利润这一问题上，多数扶贫一线工作人员表示尚未想到切实可行的方法。但也有少数扶贫工作人员指出，可以借鉴内地部分贫困省（区）的相关做法，推动贫困农户以资金、土地使用权、劳动力入股扶贫龙头企业，与扶贫龙头企业开展股份合作，建立利益共同体的方式，获取公司利润分红以发展生产或许可以实现贫困农户分享产品从生产、加工、流通到销售全部环节利润的愿景。

——三地州五位扶贫工作一线人员访谈结果

综合来看，扶贫一线工作人员重点阐释有劳动能力且有愿意发展生产贫困农户在发展生产中应该解决的问题及相应的解决方案。有效解决贫困农户发展生产中的资金、技术或市场短缺问题是当前产业扶贫工作的重中之重。如何让贫困农户分享产品从生产、加工、流通到销售全部环节的利润，最大化发挥贫困农户资金、土地、劳动力等生产资料的扶贫利用价值，从而最大限度提升贫困农户的增收水平也是贫困地区产业扶贫开发工作不得不思考和深入探究的课题。在基层扶贫组织的引导和组织下，贫困农户以资金、土地、劳动力入股扶贫龙头企业，与扶贫龙头企业形成利益共同体，开展股份合作，从企业利润中分红或许是未来产业精准扶贫模式构建的一个重点方向。

7.4.3 扶贫专家访谈结果及分析

对于扶贫专家的访谈，笔者先后访谈了喀什、和田、克州地区扶贫办主任以及喀什塔什库尔干县扶贫办主任、克州乌恰县扶贫办主任。访谈的内容为：邀请他们从理论的维度对基层扶贫工作人员提出的解决贫困农户发展生产困境的方案的可行性进行论证，论证基层扶贫工作人员提出的解决贫困农户发展生产困境相关方案的可行性以及需要进一步完善的内容。访谈结果具体如下：

鉴于三地州农村地区的现实情况，借助企业引导贫困农户发展生产虽然难度较大，但伴随着对口援疆全面开展和逐步深入，大量企业涌入新疆，总体来看是可行的。扶贫企业与贫困农户通过股份合作，农户分享企业的利润在当前内地省（区）不断实践成功的大背景下，是能行得通的，或许也是三地州目前产业扶贫众多模式中最行之有效的模式，是值得推广的。但在该模式推广的过程中，如何精准地甄选扶贫企业，企业与农户之间建立什么样的利益分配机制，企业与农户的生产经营活动如何进行有效监管，这些都是基层扶贫部门在开展产业扶贫过程中应该深入研究的课题。

对于没有劳动能力的贫困农户，若对其开展产业扶贫，构建产业精准扶贫模式，落脚点应放在弥补其劳动力短缺，无法自主开展生产经营活动这一现实问题上。引导和组织贫困农户将其扶贫资源、土地等生产要素进行相应的投资，实现农户土地、扶贫资源等生产要素与劳动力分离，仅依靠土地和扶贫资源等参与产业链条，分享产业发展红利，是针对其开展产业扶贫的重要方向。

——扶贫专家访谈结果

综合来看，扶贫专家首先肯定了扶贫公司带动贫困农户发展生产在三地州的可行性。同时，认可了扶贫公司与贫困农户通过股份合作方式发展生产，贫困农户分享企业利润来实现自身效益最大化的产业扶贫模式的优势。对于无劳动能力贫困农户，指出对其开展产业扶贫的一项重要准则，即弥补农户发展生产的劳动力短缺问题，提出引导和组织贫困农户将土地、扶贫资源进行投资，实现贫困农户土地、扶贫资源与劳动力分离，仅依靠土地、扶贫资源等生产要素嵌入产业链条，分享产业发展红利的产业扶贫方向。

7.4.4 新疆连片特困区产业精准扶贫模式构建总体设想

根据贫困农户、扶贫一线工作人员以及扶贫专家访谈结果，明确有无劳动能力对接产业和产业扶贫落脚点的差异性，针对两类贫困农户分别提出产业精准扶贫模式的总体方案。针对有劳动能力贫困农户，重点落脚在解决农户自主发展生产中面临的资金、技术或市场短缺等生产困境，以及让农户有效分享产品从生产、加工、流通到销售全部环节利润上，确定了通过扶贫公司带动，与公司开展股份合作经营的产业精准扶贫模式设计构想。针对无劳动能力贫困农户，应紧抓弥补贫困农户劳动力短缺这一基本问题，提出贫困农户仅依靠土地、扶贫资源等生产要素嵌入产业链条，通过委托经营等方式，使贫困农户分享产业发展红利的产业扶贫模式设计构想。

7.5 本章小结

本章提出增强产业扶贫模式适用性、提升产业扶贫效果和提高产业扶贫效率的产业精准扶贫模式构建基本目标和因贫施策、因户分类施策、多维参与的产业精准扶贫模式构建基本原则；借助三地州714份贫困农户调查问卷数据，运用有序PROBIT模型精准识别贫困农户发展生产困境。贫困农户发展生产普遍面临市场、资金、技术、劳动力某一方面或几方面短缺的问题。鉴于有无劳动能力贫困农户对接产业和产业扶贫落脚点差异性，针对两类贫困农户分别构建产业精准扶贫模式。通过对贫困农户、扶贫一线工作人员以及扶贫专家访谈，明确有劳动能力贫困农户，落脚在解决农户自主发展生产面临的资金、技术或市场短缺等生产困境，以及让农户有效分享产品从生产、加工、流通到销售全部环节的利润上。确定通过扶贫公司带动，与公司开展股份合作经营的产业精准扶贫模式设计构想。针对无劳动能力贫困农户，紧抓弥补贫困农户劳动力短缺这基本问题，提出贫困农户仅依靠土地、扶贫资源等生产要素嵌入产业链条，分享产业发展红利的委托经营的产业扶贫模式设计构想。

第 8 章　新疆连片特困区产业精准扶贫模式构建

根据第 7 章的研究结论，在新疆连片特困区产业精准扶贫模式构建中，将贫困农户划分为有劳动能力贫困农户和无劳动能力贫困农户两种类型。同时，根据两种类型贫困农户嵌入产业链条和产业扶贫落脚点的差异，分别梳理出公司带动股份合作经营和委托经营的产业精准扶贫模式构建设想。接下来，本书拟结合新疆连片特困区产业精准扶贫模式构建设想，构建新疆连片特困区产业精准扶贫模式。

8.1　有劳动能力贫困农户：公司带动的股份合作经营

根据前文的研究结论，对于有劳动能力贫困农户，针对其开展产业扶贫，构建产业精准扶贫模式，一方面应解决贫困农户自主发展生产面临的资金、技术或市场短缺等生产困境；另一方面为让贫困农户分享从生产、加工、流通到销售全部环节的利润，最大限度增加农户收入水平，提升产业扶贫资源和农户自有资源的扶贫效用。在解决贫困农户发展生产资金、技术市场等生产困境方面，根据扶贫参与人员访谈，确定了公司带动农户发展生产的产业扶贫基本思路；在实现农户分享产品从生产、加工、流通到销售全部环节利润方面，提出了公司与农户开展股份合作经营的扶贫理念。与此同时，笔者认为公司与农户开展股份合作经营实现了农户与农户之间、农户与公司之间以生产要素入股方式，彼此相互“嵌套”，形成利益共同体。这一方式对于解决现有农民专业合作社带动扶贫模式中农户的“搭便车”与机会主义行为，以及公司带动订单生产扶贫模式中企业与农户的机会主义行为和违约行为等诸多弊端，具有显著的作用。基于以上分析，本书针对南疆三地州有劳动能力贫困农户提出“公司带动的股份合作经营”的产业扶贫开发实践模式。

8.1.1 公司带动的股份合作经营模式的内涵

股份合作经营模式是指两个或两个以上的劳动者或者投资者，按照章程或者协议，以资金、实物、技术、土地使用权、劳动等作为股份，自愿组织起来，依法从事各种生产经营服务活动，按劳分配与按股分配相结合，并保留一定比例的公共积累的产业经营模式和产业扶贫模式。笔者针对有劳动能力贫困农户构建产业精准扶贫模式，突出强调扶贫公司带动和股份合作经营方式在引导和组织贫困农户发展生产的优势，以扶贫公司带动和股份合作经营两个产业精准扶贫模式构成要素为切入点，创造性地提出了“公司带动的股份合作经营”产业扶贫开发模式。根据扶贫公司带动和股份合作经营在引导和组织贫困农户发展生产中的具体运作方式，将“公司带动的股份合作经营”产业扶贫开发模式的内涵界定为：在扶贫政府部门的组织、协调下，贫困农户通过扶贫资金、土地使用权、劳动等入股的方式组建股份合作经济组织，同时依托股份合作经济组织与扶贫公司开展股份合作，签订股份合作协议，同时以分红扶贫公司利润，分享产品生产、加工、流通、销售等相关环节收益的方式来共同开展生产经营活动的一种产业发展方式和产业扶贫开发模式类型。同时，笔者强调在“公司带动的股份合作经营”产业扶贫开发模式中，贫困农户是产业扶贫开发模式的参与主体，扶贫公司是产业扶贫开发模式的带动主体，扶贫政府部门是产业扶贫开发模式的组织、协调主体，其他类型扶贫组织则为该产业扶贫开发模式顺利、有效运行的重要补充。

8.1.2 公司带动的股份合作经营模式参与主体及功能定位

根据前文“公司带动的股份合作经营”产业扶贫模式内涵，公司带动的股份合作经营产业扶贫模式的参与主体主要包括扶贫政府部门、扶贫公司、股份合作经济组织、贫困农户以及其他类型产业扶贫参与主体等。各参与主体的核心功能具体如下：

（1）扶贫开发政府部门。在“公司带动的股份合作经营”产业扶贫开发模式中，扶贫开发政府部门主要包括乡镇一级扶贫开发部门和村级扶贫开发部门（村委会、党支部、驻村工作组等）。其在“公司带动的股份合作经营”产业扶贫开发模式中的功能和职责主要包括以下几个方面：一是为贫困农户发展生产提供一定额度的扶贫专项资金。同时通过一定途径和渠道组织和动员金融机构、对口援疆省（区）、非政府扶贫开发组织以及国际扶贫开发组织为贫困农户发展生产提供一定的产业扶贫资金。二是组建村级股份合作经济组织，引导和组织贫困农户以扶贫资金、土地使用权、劳动等入股到股份合作经济组织当中。三是甄选扶贫公司，并通过一定的方法和手段引导和组织扶贫公司与贫困农户以股份合作经营的方式签订股份合作协议，使扶贫公司与贫困农户利益“互套”，形成利益共同体，共同开展生产经营活动。四是制定并完善相应的扶贫开发政策和制度，为股份合作经济组织组建以及产业扶贫开发模式的正常运行提供相应的制度保障。五是建立并逐步完善产业扶贫模式运行监管、考核以及纠偏机制，对于产业扶贫模式运行以及产业扶贫模式中的扶贫公司、贫困农户、股份合作经济组织以及其他类型产业扶贫参与主体的行为进行实时监管，对于产业扶贫模式的运行效果进行及时考核，并根据监管和考核结果对产业扶贫模式进行及时的调整和纠偏。

（2）扶贫公司。在“公司带动的股份合作经营”产业扶贫开发模式中，扶贫公司的核心职责主要表现在以下三个方面：一是在扶贫政府部门的组织和引导下，通过股份合作经营的方式与贫困农户签订股份合作协商，与贫困农户协议，确定贫困农户利润分配比例，与贫困农户之间形成利益共同体，共同开展生产经营活动；二是在贫困农户发展生产过程中，向贫困农户提供一定的生产资料、生产技术、经营管理经验以及其他一系列生产经营服务，并对贫困农户的生产经营活动进行实时的监管，保证贫困农户高质、高效地完成生产经营工作；三是对贫困农户生产出来的产品进行深加工和销售，并将所获得销售利润按照与贫困农户约定的利润分成比例对贫困农户进行利润分红。

（3）股份合作经济组织。在“公司带动的股份合作经营”产业扶贫开发模式中，股份合作经济组织充当着贫困农户和扶贫公司之间的纽带和桥梁的功能，其主要职责和功能总体上表现在以下几个方面：一是引导、吸纳贫困农户以资金、土地使用权、劳动等入股到股份合作经济组织中，推动贫困农户之间以股份合作的方式，建立利益共同体；二是以贫困农户资本要素作为整体与扶贫公司签订股份合作协议，通过与扶贫公司协商，确定贫困农户利润分红比例，推动贫困农户与扶贫公司之间开展股份合作；三是引导、组织和监管贫困农户开展生产经营活动，对于贫困农户生产经营活动中存在的问题和困境予以及时解决，对于贫困农户和扶贫公司的生产经营行为进行实时的监管；四是作为贫困农户的代表承接扶贫公司对贫困农户总体的利润分成，将贫困农户分得的总体利润按照各贫困农户在股份合作经济组织中的参股比例，对贫困农户进行利润分红。

（4）贫困农户。在“公司带动的股份合作经营”产业扶贫开发模式中，贫困农户的职责和功能主要涉及以下三个方面：一是在扶贫政府部门组织、引导下，以扶贫资金、土地使用权、劳动等入股到村级股份合作经济组织中，并依托村级股份合作经济组织与扶贫公司签订股份合作协议，展开股份合作，形成利益共同体；二是在扶贫公司生产技术、经营管理经验以及其他一系列生产经营服务下，依托股份合作经济组织，开展生产经营活动，并将所生产出来的产品交由扶贫公司加工、销售；三是按照在股份合作经济组织中的参股比例，分享利润，实现利润分红。

（5）其他类型产业扶贫组织。在“公司带动的股份合作经营”产业扶贫开发模式中，其他类型产业扶贫组织主要包括金融机构、对口援疆省（区）、非政府扶贫开发组织以及国际扶贫开发组织等。其主要功能和职责为在扶贫政府部门的引导和组织下，为贫困农户开展产业扶贫提供一定的产业扶贫开发资金。

8.1.3　公司带动的股份合作经营模式运行机制

根据“公司带动的股份合作经营”产业扶贫开发模式的内涵及参与主体的功能和职责，梳理出“公司带动的股份合作经营”产业扶贫开发模式的运行机制，如图 8－1 所示。

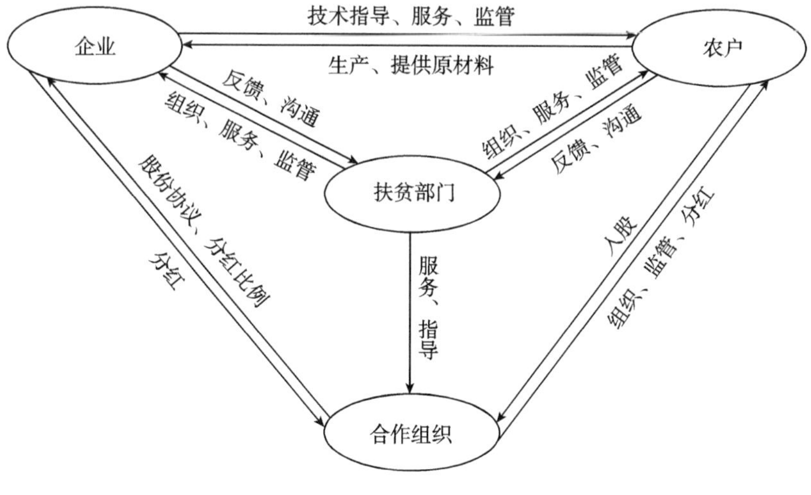

图 8－1　公司带动的股份合作经营模式

（1）政府促动，引导、组织扶贫公司与贫困农户开展股份合作，形成利益共同体。一方面，贫困地区扶贫部门、税收部门以及其他扶贫政府部门通过对扶贫公司进行财政支持、税收减免、政策服务等方式调动扶贫公司的扶贫积极性，引导其参与到贫困地区产业扶贫开发活动当中；另一方面，村委会、党支部以及驻村工作组等扶贫政府部门通过政策解读、广播宣传等多种途径，向农户宣传合作经营的好处以及合作经营带动农户发展生产的优势。在此基础上，组织贫困农户以扶贫资金、土地使用权、劳动等生产要素入股的方式组建农民股份合作经济组织，组织农户依托农民股份合作经济组织与扶贫公司签订股份合作协议，开展股份合作，形成利益共同体。

（2）扶贫公司带动，贫困农户依托股份合作经济组织开展生产经营活动。扶贫公司为贫困农户开展生产活动提供一定的技术指导和信息服务，同时，为贫困农户开展生产技能、经营管理知识以及其他方面的培训，切实提升贫困农户的生产技能和增强贫困农户的经营管理知识。贫困农户在扶贫公司的组织带动下，依托股份合作经济组织开展生产活动，发展生产，同时将生产出来的产品原材料依托股份合作经济组织统一交由扶贫公司进行加工和销售。

（3）企业加工、销售产品，获得收益。扶贫公司对农户生产出来的原材料进行深加工，并依托自身的销售渠道将产品销售出去，获得相应的收益。同时，将销售收益在扣除企业生产加工成本后，将所获得利润按照事先与股份合作经济组织签订的股份合作协议中确定的利润分成比例，返还给股份合作经济组织，作为贫困农户后期利润分红的资本积累。

（4）股份合作经济组织在扣除合作经济组织自身的生产运营成本，保留自我发展的公积金之后，将股份合作经济组织所获得的利润根据贫困农户在股份合作经济组织中所占有的股份，进行相应的利润分红，带动贫困农户增收，实现扶贫公司和贫困农户的共赢。

（5）扶贫开发相关政府部门建立并完善监管考核机制，对产业扶贫模式参与主体中的贫困农户、扶贫公司以及股份合作经济组织的行为进行实时监管，对该类型产业扶贫开发模式的扶贫效果进行及时的考核。同时，根据监管与考核结果，对贫困农户、扶贫公司以及股份合作经济组织的行为进行相应的纠偏，对股份合作经营模式存在的问题和缺陷进行及时的调整和优化。

8.1.4 公司带动的股份合作经营模式优势分析

“公司带动的股份合作经营”产业扶贫开发模式将扶贫公司与农户之间、农户与农户之间通过股份合作的方式整合在一起，建立“互套”的利益联结机制，形成利益共同体。该类型产业扶贫开发模式与目前南疆三地州现有产业扶贫开发模式相比，具有以下几个方面的优势。

8.1.4.1 提升农户土地、资金、劳动利用效率，带动农户增收作用更为显著

“公司带动的股份合作经营”产业扶贫开发模式的核心思想为贫困农户借助资金、土地使用权、劳动力等生产要素以入股的方式组建股份合作经济组织，并依托股份合作经济组织与扶贫公司开展股份合作，通过分红扶贫公司生产经营利润的方式，获得收入，实现增收的一种产业扶贫开发模式。在“公司带动的股份合作经营”产业扶贫开发模式中，虽然贫困农户依然仅承担原材料生产相关工作，但其依托股份合作经济组织与扶贫公司开展股份合作，获得扶贫公司利润分红的方式使得贫困农户的收入来源不再仅仅局限于原材料和初级产品的销售，而是分享了产品从生产到加工、流通，乃至销售的全部生产经营环节的利润。通常情况下，产品加工、流通、销售等相关环节创造的收益和利润往往要远远高于原材料的生产和销售环节。因此，综合来看，在“公司带动的股份合作经营”产业扶贫开发模式中，贫困农户依托其资金、土地使用权、劳动力与扶贫公司开展股份合作，实现利润分红的产业发展方式可以最大化地发挥农户土地、资金、劳动力等生产要素的创收功能，推动贫困农户土地、资金、劳动力等生产要素扶贫功能的最大限度发挥，从而使农户土地、资金、劳动力等生产要素带动农户增收的作用更为显著。

8.1.4.2 农户、企业形成利益共同体，降低生产风险与交易成本功能更为凸显

“公司带动的股份合作经营”产业扶贫开发模式不仅保留了“专业合作社经营”产业扶贫开发模式，显著调动贫困农户生产积极性和“公司带动的订单生产”产业扶贫开发模式推动扶贫公司与农户对接，指导和服务农户生产、向农村传播先进科技与品种以及解决贫困农户销售困境等核心功能外，还在一定程度上创新了扶贫公司与贫困农户之间的利益联结机制，依托股份合作经济组织，推动贫困农户与扶贫公司开展股份合作，实现了贫困农户之间、贫困农户与扶贫公司之间的利益一致。因贫困农户之间、贫困农户与扶贫公司之间的利益一致，极大地降低了农户生产经营风险和成本以及企业的运营成本。具体来说，一方面，贫困农户借助资金、土地使用权、劳动力等生产要素以入股的方式组建股份合作经济组织，将贫困农户纳入统一利益体系之中，农户之间建立利益共同体，可以有

效消除贫困农户在生产环节的“搭便车”和机会主义行为；另一方面，贫困农户与扶贫公司通过签订股份合作协议，开展股份合作经营，形成利益共同体，不仅降低了“公司带动的订单生产”模式中农户与企业之间因产品销售谈判、协商、执行而带来的交易成本，而且因扶贫企业与贫困农户利益一致，也极大地降低了扶贫公司与贫困农户的违约风险。

8.1.4.3　农户、企业资源的共享，实现了企业与农户的双赢

在“公司带动的股份合作经营”产业扶贫开发模式中，贫困农户以资金、土地使用权、劳动入股的方式组建股份合作经济组织，同时依托股份合作经济组织与扶贫公司签订股份合作协议，开展股份合作，实质上是贫困农户和扶贫公司资源共享的过程。通过这种方式，可以有效推动扶贫公司和贫困农户的双赢。具体来说，首先，对于贫困农户，在扶贫公司与贫困农户组建的利益共同体中，一方面，贫困农户充分利用扶贫公司的信息、资金、技术、品种等方面的优势，依托扶贫公司信息、技术、资金、品种的优势开展生产活动，有效提升贫困农户产业扶贫项目选择的精准性，同时显著提高贫困农户生产的产品产量和质量；另一方面，农户与扶贫公司依托股份合作协议，可以实现对企业加工、销售等环节的利润的分享，增收幅度更为明显。其次，对于扶贫公司，在扶贫公司与贫困农户组建的利益共同体中，股份合作经济组织普遍以扶贫公司的原材料供应基地的身份存在，扶贫公司与贫困农户开展股份合作，消除了扶贫公司购买原材料相关环节。这就使得扶贫公司一方面避免了因购买大量原材料而不得不事先垫付大量资金带来的企业生产经营资金短缺的问题和现金流断裂的风险；另一方面因扶贫公司不需要提前投入大量的原材料购买经费，使得扶贫公司有充足的资金用于技术研发、生产设备改造等相关工作，在一定程度上提升了企业的竞争力。综合来看，通过“公司带动的股份合作经营”产业扶贫模式引导和组织贫困农户开展生产经营活动，可以有效推动农户与扶贫公司之间的资源共享，实现扶贫公司与农户之间的共赢。

8.1.5　公司带动的股份合作经营模式可行性分析

综合来看，“公司带动的股份合作经营”产业扶贫开发模式不仅继承了三地州现有产业扶贫开发模式的相应优点，同时也较好地弥补了现有产业扶贫开发模式存在的缺陷。那么，这一产业扶贫开发模式是否与贫困地区和贫困农户相适用，是否可以大面积地推广呢？通过分析，笔者认为三地州贫困地区以下几个方面有效，保障了“公司带动的股份合作经营”产业扶贫开发模式在三地州大面

积推广的可行性：

8.1.5.1 本地企业的快速发展和援疆企业的大量涌入，为模式运行提供了企业基础

在“公司带动的股份合作经营”产业扶贫开发模式中，扶贫公司是该类型扶贫开发模式的参与骨干和带动主体，是保证该类型产业扶贫开发模式得以顺利开展的重要前提和基础，即只有具备了充足的扶贫公司参与到产业扶贫开发活动当中，“公司带动的股份合作经营”产业扶贫开发模式才能够得以顺利、有序地运行下去。自2000年以来，西部大开发、丝绸之路经济带建设等国家一系列振兴西部的战略的相继提出和逐步深化，三地州的经济社会取得了长足的发展，三地州的本土企业也如雨后春笋般地涌现出来，并依托国家政策，得到了较好的发展。根据相关资料的统计结果，喀什、和田地区的本土企业分别达到1333家和1052家，农业企业也分别达到53家和44家。在本土企业数量大幅提升和经济实力不断增强的同时，伴随着国家对口援疆工作逐步开展和产业援疆工作的逐步深入，好想你枣业、中兴手套等一大批援疆企业也纷纷涌入三地州贫困地区，在对口支援县市建厂驻点，在当地先后形成了一大批有影响力的、对当地产业发展带动力强的产业园区。综合来看，本土企业的快速崛起和援疆企业的大量涌入，保障了“公司带动的股份合作经营”产业扶贫开发模式的正常运行具备充足的企业带动主体，为三地州全面推行“公司带动的股份合作经营”产业扶贫开发模式提供了坚实的企业基础。

8.1.5.2 日益成熟的土地流转制度，为模式的运行提供了制度基础

在“公司带动的股份合作经营”产业扶贫开发模式的运行过程中，有一个非常重要的环节是贫困农户以土地使用权入股的方式与扶贫公司开展股份合作经营。这就使得我国必须具备成熟、完善的土地流转政策和制度，保证贫困农户可以依托土地使用权开展股份合作经营。我国各级政府在坚持“家庭联产承包责任制”这一基本土地政策不变的前提下，始终允许和鼓励农户承包期内对土地使用权进行流转。同时，为了保证农户土地使用权流转的规范性和合法性，制定了一系列的政策和法律法规。

1984年，中央一号文件《关于一九八四年农村工作的通知》指出土地使用权应向种田能手集中，同时对于流转出土地使用权的农户给予适当的经济补偿；1993年，《关于当前农业和农村经济发展的若干政策措施》（中发〔1993〕11号）明确，农户承包期内的土地使用权可以在农户自愿的条件下，依法、有偿进行流转；1995年，《国务院批转农业部〈关于稳定和完善土地承包关系意见〉的

通知》（国发〔1995〕7 号）阐释了土地流转原则与方式，要求在坚持土地集体所有和土地农业用途不改变的原则下，经发包方同意，承包方在承包期内对所承包的土地可以进行有偿流转，流转的方式包括转包、转让、互换、入股等方式。

2003 年 3 月，《中华人民共和国土地承包法》正式颁布，从法律层面对土地流转相关问题进行了明确和规范。《中华人民共和国土地承包法》规定，承包方依法享有承包土地使用、收益和土地承包经营权流转的权利。对于土地流转，土地承包经营权的流转要严格按照法律和中央有关文件与政策开展。土地流转过程中应当严格遵循平等协商、自愿、有偿的原则，任何组织和个人不得强迫或者阻碍承包方进行土地承包经营权流转；土地承包经营权流转不得改变土地所有权的性质和土地的农业用途，流转的期限不得超过承包期的剩余期限，受让方须具备农业经营能力，在同等条件下，本集体经济组织成员享有优先权；承包方有权依法自主决定土地承包经营权是否流转以及流转的方式；承包方之间为了发展农业经济，可以自愿联合将土地承包经营权入股，从事农业合作生产等。

2014 年，中共中央、国务院为了保证农村土地经营权有序流转，针对目前土地经营权流转中存在的相关问题，制定了《关于引导农村土地经营权有序流转发展农业适度规模经营的意见》（以下简称《意见》）。《意见》在肯定土地流转和适度规模经营是发展现代农业的必由之路，有利于优化土地资源配置和提高劳动生产率，有利于保障粮食安全和主要农产品供给，有利于促进农业科技推广应用和农业增效、农民增收的基础上，指出引导农村土地经营权有序转移，发展农业适度规模经营，应在以农户家庭经营为基础、合作与联合为纽带、社会化服务为支撑的立体式复合型现代农业经营体系的基础上，以保障国家粮食安全、促进农业增效和农民增收为目标，坚持农村土地集体所有，实现所有权、承包权、经营权三权分置，引导土地经营权因地制宜、循序渐进流转，让农民成为土地流转和规模经营的积极参与者和真正受益者，避免走弯路。同时，《意见》强调应加强健全土地承包经营权登记制度、推进土地承包经营权确权登记工作、创新土地流转形式、规范土地流转行为、加强土地流转管理和服务、合理确定土地经营规模以及加强土地流转用途管制等相关工作。

综合来看，日益完善的土地承包经营权流转政策和法律法规，为本书提出的“公司带动的股份合作经营”产业扶贫开发模式的正常运行提供了相应的政策和制度基础。从政策和制度层面保证了该产业扶贫模式的可行性。

8.1.5.3 企业和农户的现实需求，为该模式的运行提供了“群众”基础

在“公司带动的股份合作经营”产业扶贫开发模式中，扶贫公司与贫困农户

通过股份合作的方式，共同开展生产经营活动，较好地迎合了扶贫公司和贫困农户的现实需求。因此，在该产业扶贫模式运行的过程中也具备较好的“群众”基础。

首先，对于扶贫公司。扶贫公司在开展生产活动中，一方面面临信息不对称，购买优质原材料困难的问题；另一方面遭遇因购买原材料垫付大量资金而出现资金严重短缺，资金链断裂的风险。依托“公司带动的股份合作经营”产业扶贫开发模式开展生产经营活动，使得贫困农户成为企业开展生产的原材料基地，一方面在一定程度上消除了扶贫公司因与农户信息不对称而导致的扶贫公司购买不到原材料或者购买原材料信息搜寻成本较高的问题；另一方面因扶贫公司与贫困农户签订股份合作协议，农户生产出来的原材料直接交给企业来进行加工和销售，扶贫公司避免了原材料购买环节，同时也不需要事先垫付大量的原材料购买费用，可以极大地缓解扶贫公司因购买原材料垫付大量资金而带来的企业资金短缺和现金流断裂的风险。

其次，对于贫困农户。根据前文贫困农户贫困状况的调查，目前贫困农户在发展生产的过程中普遍存在缺资金、缺技术或缺市场的问题。因此，时常出现“生产不好、卖不掉”的窘况。依托股份合作经济组织，推动扶贫公司与贫困农户开展股份合作经营，一方面，贫困农户借助扶贫部门扶贫资金和扶贫公司的生产技术和经营管理知识以及原材料，开展生产经营活动，可以有效提升贫困农户产品的产量和质量，有效解决贫困农户发展生产“生产不好”的问题；另一方面，农户将所生产出来的产品直接提交给企业加工、销售，并按照股份合作协议，获取利润分成，消除了农户销售产品的相关环节，有效解决了农户因远离市场而造成的产品“卖不掉”的问题。同时，贫困农户通过与扶贫公司开展股份合作，可以分享到产品生产、加工、流通、销售等全部环节的利润，与仅销售原材料相比，显著提升了贫困农户生产经营活动的收益。除此之外，在“公司带动的股份合作经营”产业扶贫开发模式中，扶贫公司与农户之间因减少了原材料购销相关环节，在一定程度上消除了企业与农户之间因相互信息搜寻、交易谈判而产生的费用，降低了企业与农户的交易成本。

综合来看，“公司带动的股份合作经营”产业扶贫开发模式较好地迎合了扶贫公司和贫困农户的现实需求，具有良好的“群众”基础。因此，针对三地州贫困农户推行“公司带动的股份合作经营”产业扶贫开发模式，从“群众”角度来看，也是可行的。

8.1.5.4 内地省（区）成功经验借鉴

内地省（区）成功的经验，也从一个层面反映了“公司带动的股份合作经营”产业扶贫开发模式在三地州贫困地区推行的可行性。近年来，内地省（区）的部分贫困地区在本辖区开展产业扶贫的过程中，引入扶贫龙头企业，引导扶贫龙头企业与贫困农户之间通过股份合作经营的方式共同开展生产经营活动，共同发展、脱贫致富的成功案例的报道不胜枚举。如当前在全国范围内如火如荼开展的“温氏生猪养殖”模式，就是其中一个非常成功的典型案例。内地省（区）的成功经验，也折射出在三地州贫困地区大面积开展“公司带动的股份合作经营”产业扶贫开发模式的可行性。

8.2 无劳动能力贫困农户：委托经营

根据前文的研究结论，对于无劳动能力贫困农户，其产业发展的最突出困境体现在劳动能力匮乏，使得其无法依靠自己的力量，自主开展生产经营活动。对于这部分贫困群体开展产业扶贫，构建产业精准扶贫模式，最核心的落脚点为有效弥补贫困农户发展生产劳动力短缺的问题。通过对这部分贫困群体的访谈，无劳动能力贫困农户参与产业链条的诉求主要表现为将自己的土地经营权通过一定途径流转出去，依靠土地经营权获得一定额度租金或股金，以及将扶贫资源与自有资金通过一定渠道进行投资，获得一定的投资分红，避免“坐吃山空”的窘境。基于这部分贫困群体的贫困特点、发展生产困境以及发展诉求，构建这部分贫困群体的产业精准扶贫模式为委托经营模式。

8.2.1 委托经营内涵

委托经营是指出资人或其代表在保证其生产要素所有权不变的前提下，委托方当事人依据一定的法律法规和政策，通过与受托方签订委托协议，以协议契约的形式在一定时期内将财产权部分或者全部让渡给受托方，由受托方代表委托方开展生产经营活动。同时，委托方依据委托协议，分享受托方经营收益，获得一定经济报酬的一种生产经营方式。本书针对三地州无劳动能力贫困农户提出的“委托经营”产业扶贫开发模式，其核心思想为：贫困农户将扶贫资源、自有生产要素通过一定的渠道委托于农村大户、家庭农场、合作经济组织、扶贫公司等生产经营主体，与生产经营主体签订委托协议，形成委托关系，由大户、家庭农场、合作经济组织、扶贫公司等生产经营主体代表贫困农户开展生产经营活动。

同时，贫困农户依据委托协议，分享生产经营活动收益的一种产业扶贫开发模式。笔者强调，在“委托经营”产业扶贫开发模式中，核心参与主体也包括带动主体、参与主体和协调主体。其中，带动主体为委托经营中的受托方，代表贫困农户开展生产经营活动的相关主体。在本书中一般为大户、家庭农场、合作经济组织、扶贫公司等农村新型经营主体；参与主体为缺乏劳动能力的贫困农户；协调主体则主要为扶贫政府部门，即笔者认为针对无劳动能力的委托经营产业扶贫开发模式，也必须在政府的组织、协调下开展，才能正常运行。

8.2.2　委托经营模式的参与主体及功能定位

根据委托经营产业扶贫模式的内涵，笔者认为针对无劳动能力贫困农户的委托经营产业扶贫模式的核心参与主体主要为扶贫政府部门、贫困农户、农村新型经营主体（大户、家庭农场、合作经济组织、扶贫公司）以及其他类型扶贫开发部门和组织等。各产业扶贫模式参与主体的核心功能与职责具体如下：

（1）扶贫政府部门。委托经营产业扶贫开发模式中的政府扶贫部门与“公司带动的股份合作经营”产业扶贫模式相同，主要为乡镇一级扶贫开发部门和村级扶贫开发部门（村委会、党支部、驻村工作组等）。其在委托经营产业扶贫开发模式中的职责和功能主要体现在以下几个方面：一是协助贫困农户搜寻和甄选产业扶贫的带动主体（受托方），引导和组织贫困农户将扶贫资源和贫困农户自有生产要素委托于带动主体（受托方），与受托方签订委托协议，确立利益分成比例，建立委托关系。二是为贫困农户发展生产提供一定额度的扶贫专项资金。同时，通过一定途径和渠道组织和动员金融机构、对口援疆省（区）、非政府扶贫开发组织以及国际扶贫开发组织为贫困农户发展生产提供一定的产业扶贫资金。三是制定并完善相应的扶贫开发政策和制度，为产业扶贫开发模式的正常运行提供相应的制度保障。四是建立、健全产业扶贫模式运行监管、考核以及纠偏机制，对委托经营产业扶贫模式运行状况及其参与主体进行实时监管，对于产业扶贫模式运行效果进行及时考核，并根据监管和考核结果对产业扶贫模式进行及时的调整和纠偏。

（2）带动主体（受托方）。在委托经营产业扶贫开发模式中，带动主体（受托方）一般是指大户、家庭农场、合作经济组织或者扶贫公司等农村新型经营主体，他们主要受贫困农户委托，代表贫困农户发展生产的功能和职责。具体为：一是在扶贫政府部门的组织和引导下，承接贫困农户土地、资金等生产要素，与贫困农户签订委托协议，确立收益分成比例。二是利用贫困农户委托的生产要素，代表贫困农户开展生产经营活动，获得收益，并将生产经营收益依据委托协议给予贫困农户一定额度的利润分红。

（3）贫困农户。在委托经营产业扶贫开发模式中，贫困农户主要指没有劳动能力的贫困农户。其主要职责为：一是在扶贫政府部门的引导和组织下，将土地、扶贫资金、自有资金等生产要素委托给受托方，与受托方签订委托协议，并通过协商确定收益分成比例。二是依据委托协议，获得相应的利润分红。

（4）其他扶贫组织。在委托经营产业扶贫开发模式中，也可以存在金融机构、对口援疆省（区）、非政府扶贫开发组织以及国际扶贫开发组织等其他类型扶贫开发组织。其职责与在“公司带动的股份合作经营”产业扶贫开发模式中一样，在扶贫政府部门的引导和组织下，为贫困农户开展产业扶贫提供一定的产业扶贫开发资金。

8.2.3 委托经营模式运行机制

根据委托经营产业扶贫开发模式的内涵、核心参与主体及各参与主体的功能，梳理出委托经营产业扶贫开发模式的运行机制，如图 8－2 所示。

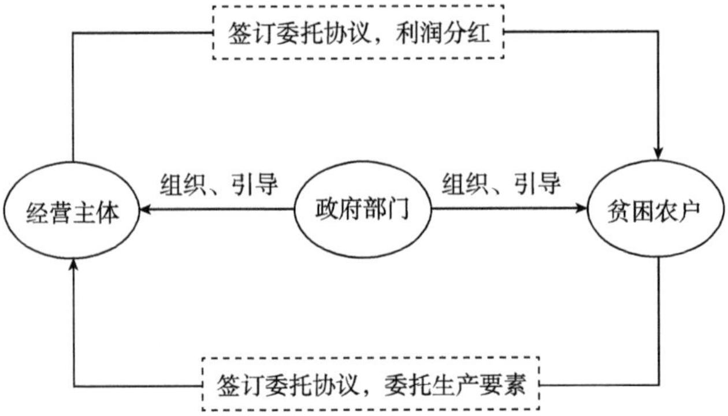

图 8－2 委托经营产业扶贫模式运行机制

（1）政府部门引导、组织，贫困农户与生产经营主体建立委托关系，开展委托经营。在扶贫政府部门的组织和引导下，贫困农户将其土地、扶贫资金、自有生产要素等生产要素资源以委托的方式，委托给生产经营主体，与生产经营主体签订委托协议，确定利润分成比例，开展委托经营。

（2）承接贫困农户生产要素资源，开展委托生产经营活动。大户、家庭农场、合作经济组织或者扶贫公司等生产经营主体，在政府的“牵线搭桥”下，承接贫困农户土地、资金等生产要素，与贫困农户签订委托协议，确定收益分成比例。同时，利用贫困农户委托的生产要素，代表贫困农户开展生产经营活动。

（3）生产经营主体获得收益，并对贫困农户进行利润分红。生产经营主体代表贫困农户开展生产经营活动，获得相应收益。同时，将生产经营所获得收益依据委托协议给予贫困农户一定额度的利润分红。

（4）扶贫开发相关政府部门建立并完善监管考核机制，对产业扶贫模式参与主体行为进行实时监管，对产业扶贫开发模式的扶贫效果进行及时的考核。同时，根据监管与考核结果，对贫困农户、生产经营主体的行为进行相应的纠偏，对委托经营模式存在的问题和缺陷进行及时的调整和优化。

8.2.4 委托经营模式的优势分析

就当前三地州贫困地区现有产业扶贫开发模式来看，无论是“农户自营”模式，还是“农民专业合作社经营”模式，抑或“公司带动的订单生产”模式，均需要贫困农户依靠自己的劳动力，参与生产经营活动。因此，上述产业扶贫开发模式对于没有劳动能力贫困农户来说，往往发挥不了任何的扶贫带动作用。本书在充分意识到无劳动能力贫困农户发展生产劳动力欠缺这一现实问题的基础上，提出了贫困农户依靠土地、资金及其他类型生产要素嵌入产业链条，发展生产的委托经营产业扶贫开发模式。该类型产业扶贫开发模式与三地州现有产业扶贫模式相比，在对接无劳动能力贫困农户上，具有以下两个方面的优势：

8.2.4.1 弥补农户劳动力短缺，有效解决土地撂荒、资金闲置和扶贫资源利用率差的问题

对于三地州贫困地区现行的产业扶贫开发模式来说，无劳动能力贫困农户因其劳动能力短缺的问题，均很难参与其中。这不仅造成扶贫资源利用效率较差的问题，对于贫困农户来说也会带来土地撂荒、资金闲置等资源的浪费。笔者针对无劳动能力贫困农户构建的“委托经营”产业扶贫开发模式，其核心思想为贫困农户将土地、资金及其他扶贫资源委托于受托方，由受托方代理其开展生产经营活动，贫困农户利用土地、资金及其他扶贫资源参与产业发展，分享产业发展红利。该类型产业扶贫开发模式实现了贫困农户土地、资金及其他扶贫资源与劳动力的分离，弥补了贫困农户因劳动能力短缺而无法顺畅开展生产经营活动，造成的土地撂荒、资金及其他扶贫资源闲置的问题，扶贫资源的扶贫效率也得到显著的提升。

8.2.4.2 增收更显著、收益更持续稳定

在无劳动能力贫困农户委托经营产业扶贫开发模式当中，贫困农户将土地使用权、资金以及其他扶贫资源等以委托的形式委托村中的大户、家庭农场、合作经济组织或扶贫公司等生产经营主体代理开展生产经营活动。大户、家庭农场、合作经济组织、扶贫公司等生产经营主体在开展生产的过程中，无论是在资金、技术、市场还是在抗风险能力等方面与一般贫困农户，特别是与没有劳动能力贫困农户相比，其优势都是非常明显的。由发展能力和抗风险能力较强的大户、家庭农场、合作经济组织、扶贫公司等生产经营主体组织利用贫困农户的生产要素，代理贫困农户开展生产经营活动，贫困农户依靠土地经营权、资金嵌入产业链条，分享产业发展红利。贫困农户的增收幅度、收入的稳定性和可持续性与农户自己开展生产经营相比，都更为明显和突出。

8.2.5 委托经营模式的可行性分析

对于无劳动能力贫困农户提出的委托经营产业扶贫开发模式的可行性除了前文提到的日益完善的土地流转制度，保证了贫困农户土地流转的合法性和公平性外，笔者认为，以下几个方面因素也保证了针对无劳动能力贫困农户构建的委托经营产业扶贫开发模式的可行性和必要性：

8.2.5.1 扶贫资源投放方式日益创新

委托经营产业扶贫开发模式要求贫困农户将扶贫资源通过委托的形式，委托受托方，由受托方代理贫困农户利用扶贫资源开展生产经营活动。这一过程就必然造成扶贫资源与贫困农户分离。近年来，新疆三地州贫困地区扶贫开发部门在扶贫开发进程中，逐步完善扶贫资金使用办法，积极探索扶贫资金投放方式。在保证扶贫资源用途不变的前提下，三地州扶贫开发部门积极探索和创新扶贫资源的投放方式和路径，提出了“管总量不管结构、管任务不管项目、管监管不管实施”的扶贫资源投放思路，创建了与贫困地区、贫困农户基础条件相匹配的，扶贫资源投放效率更高、扶贫效果更显著的扶贫资源投放方式，推动扶贫资源从“扶贫资金到户”到“扶贫效益到户”的精准扶贫的转变。扶贫资源投放方式的创新和灵活多样，保证了针对无劳动能力贫困农户的委托经营产业扶贫模式大面积推广的可行性。

8.2.5.2 较好地迎合了参与主体的现实需求

委托经营产业扶贫开发模式可以较好地迎合贫困农户和生产经营带动主体的现实需求，因此在三地州贫困地区大范围推广具备较好的“群众”基础。具体

来说，对于无劳动能力贫困农户，其发展的现实需求为依托土地、资金以及其他扶贫资源等参与到产业发展当中，一方面解决贫困农户土地撂荒和扶贫资源闲置的问题；另一方面依靠土地、资金及其他扶贫资源嵌入产业链条，发展生产，分享产业发展红利，获得一定的经济报酬。笔者针对无劳动能力贫困农户提出的委托经营产业扶贫开发模式通过推动贫困农户开展土地、资金及其他扶贫资源托管，依靠土地、资金及其他扶贫资源嵌入产业链条，并依据委托协议分享产业发展红利，一方面可以解决贫困农户因劳动能力短缺，无法自主开展生产经营活动而造成的土地撂荒和扶贫资源闲置的问题；另一方面贫困农户依据委托协议，借助土地、资金及其他扶贫资源等分享产业发展红利实现了贫困农户获得经济报酬的愿望。对于生产经营带动主体来说，在委托经营产业扶贫开发模式中，生产经营带动主体主要为大户、家庭农场、合作经济组织或扶贫公司等，他们最核心的需求为扩大自身的生产经营规模，提升自身的综合实力和核心竞争力。本书提出的委托经营产业扶贫开发模式的核心思想为组织和引导贫困农户将土地、资金以及其他类型扶贫资源委托于大户、家庭农场、合作经济组织或扶贫公司等生产经营带动主体，这无形中增加了对大户、家庭农场、合作经济组织或扶贫公司等生产经营带动主体的投资，有效解决了生产经营主体扩大生产规模面临的土地稀缺、资金匮乏的问题，从而显著推动大户、家庭农场、合作经济组织、扶贫公司等生产经营带动主体生产规模的扩大、综合实力的增强和核心竞争力的提升。

8.2.5.3　贫困乡村已出现委托经营雏形

笔者在对部分贫困乡村进行走访中发现，部分贫困地区乡村已经逐步出现了委托经营产业扶贫开发模式的雏形。如笔者在对阿克苏地区温宿县龙口村进行调研中发现，该村村委会针对本村无劳动能力贫困农户无法开展生产经营活动，造成红枣产业效益不高的问题，主动与对口援疆省（区）客商联系，并动员本村20余户无劳动能力贫困农户将160余亩红枣土地承租给内地客商进行生产，同时与内地客商签订了每亩800元的土地流转租金。温宿县龙口村的产业扶贫做法实质上是委托经营产业扶贫模式的雏形。同时，三地州贫困地区无论是在自然环境、区位条件还是贫困农户贫困程度、特点及发展诉求等方面与温宿县龙口村贫困农户具有显著的相似性。部分贫困乡村形成的“委托经营”产业扶贫开发模式的雏形也从一个侧面折射出委托经营产业扶贫开发模式在三地州贫困地区大面积推广的可行性。

8.3 本章小结

本章在对三地州贫困地区贫困农牧民精准识别的基础上，依据有无劳动能力贫困农户对接产业和产业扶贫落脚点差异，针对有劳动能力贫困农户提出贫困农户通过扶贫资金、土地使用权、劳动等入股组建股份合作经济组织，并依托股份合作经济组织与扶贫公司开展股份合作，分红扶贫公司利润，分享产品生产、加工、流通、销售等相关环节利润的“公司带动的股份合作经营”产业扶贫开发模式；针对无劳动能力贫困农户提出贫困农户将扶贫资源、自有生产要素通过一定渠道委托于农村大户、家庭农场、合作经济组织、扶贫公司等生产经营主体，由大户、家庭农场、合作经济组织、扶贫公司等生产经营主体代表贫困农户开展生产经营活动，贫困农户依据委托协议，分享生产经营活动收益的“委托经营”产业扶贫开发模式。同时，对这两种产业精准扶贫开发模式的内涵、参与主体及功能、运行机制、优势及可行性等进行了系统分析。

第9章　新疆连片特困区产业精准扶贫模式运行主体能力建设及保障体系

在第7、第8章，本书分别针对有劳动能力贫困农户提出“公司带动的股份合作经营”产业扶贫模式，对无劳动能力贫困农户提出“委托经营”产业扶贫开发模式。笔者认为，要想保证贫困农户相对应的产业精准扶贫模式可以有序、高效地运转，一方面产业扶贫开发模式中各参与主体可以较好地完成其对应的产业扶贫的相关工作；另一方面产业扶贫模式运行也必须为其提供良好的外部条件。基于以上分析，本章首先针对产业精准扶贫模式核心参与主体提出相应的能力建设建议，以提升其产业扶贫开发工作的胜任能力；然后针对产业精准扶贫开发模式运行的外部环境状况，提出相应的保障措施，为新疆三地州贫困地区产业精准扶贫模式高效、有序运行提供一个良好的外部环境。

9.1　新疆连片特困区产业精准扶贫模式运行主体能力建设

新疆连片特困区产业精准扶贫模式运行主体能力建设主要针对产业精准扶贫模式核心参与主体展开。综合前文两类产业精准扶贫模式的核心参与主体，可将其归纳为三种类型：一是在产业扶贫开发模式运行的组织、协调主体，具体为乡镇扶贫政府部门和村委会（党支部、驻村工作组）等基层扶贫政府部门。二是产业扶贫开发模式的带动主体，其中“公司带动的股份合作经营”产业扶贫开发模式的带动主体主要为扶贫公司，而“委托经营”产业扶贫开发模式的带动主体不固定，但总体来看，一般为大户、家庭农场、经济合作组织或扶贫公司等农村新型经营主体，即本书针对产业扶贫模式运行带动主体运行能力建设将两类产业扶贫开发模式运行的带动主体统一归结为农村新型经营主体。三是贫困农户，其中“公司带动的股份合作经营”产业扶贫开发模式对接的贫困农户为有劳动能力贫困农户。“委托经营”产业扶贫开发模式对接的贫困农户为无劳动能力贫困农户。本书提出新疆连片特困区产业精准扶贫模式运行三类核心参与主体能力建设的对策建议，具体如下：

9.1.1 基层扶贫政府部门能力建设

在前文提到的两类产业精准扶贫开发模式中，基层扶贫政府部门作为模式运行的组织、协调主体，既参与产业扶贫开发模式的设计工作，同时也是产业精准扶贫开发模式得以顺利、有序运行的组织者、协调者以及扶贫资金的投放者等。基层扶贫政府部门组织、协调等产业扶贫相关职能的发挥，关键取决于基层扶贫政府部门机构的完备性以及基层扶贫政府部门工作人员的扶贫能力。因此，新疆连片特困区产业精准扶贫模式运行基层扶贫政府部门能力建设主要从基层扶贫政府部门组织建设和扶贫工作人员扶贫能力提升两个维度展开。

9.1.1.1 加强基层扶贫政府部门组织建设，提升基层扶贫部门架构完备性

科学、完备的基层扶贫政府部门组织架构是产业扶贫开发模式得以正常运行，产业扶贫开发工作得以有序、高效开展的前提。近年来，伴随着三地州贫困地区扶贫开发工作的全面开展和逐步深入，三地州贫困地区基层扶贫政府部门组织架构建设较之前取得明显改观，但其依然存在一定的问题和缺陷，在面对当前日益繁重和复杂的扶贫开发工作和任务时，往往表现得“力不从心”。因此，三地州贫困地区在开展产业扶贫开发工作的进程中，应高度重视基层扶贫政府部门的建设工作，进一步加强新疆三地州贫困地区基层扶贫政府部门组织架构建设力度，有效提升三地州贫困地区基层扶贫政府部门组织架构的完备性。具体来说，首先，当前三地州贫困地区乡镇扶贫开发部门虽普遍成立扶贫工作小组，设置扶贫专干岗位，但扶贫专干一般由乡镇其他工作人员兼任，并无专职扶贫工作人员的问题。建议各乡镇在成立扶贫工作小组的基础上，适度增加扶贫方面岗位编制，在乡镇一级设置专职的扶贫工作人员。其次，村庄一级扶贫部门开展产业扶贫，过分依赖村委会，党支部、驻村工作组、村民代表大会等基层村民组织，存在参与度不足、话语权不高的问题。建议应将村党支部、驻村工作组以及村民代表大会等基层村民组织进行有机整合，组织他们与村委会共同组成扶贫工作执行小组，共同参与到当地的扶贫开发工作当中，共同负责本辖区扶贫项目、资金、

机制、监管等方面工作的具体落实等。

9.1.1.2 "引育"结合，有效提升基层扶贫政府部门工作人员扶贫能力

科学、完备的基层扶贫政府部门组织架构为三地州贫困地区产业精准扶贫模式健康、有序运行提供了重要的"硬件"保障，而要想最大限度发挥基层扶贫政府部门对产业扶贫开发工作开展的组织、协调等功能，基层扶贫政府部门工作人员的扶贫能力也是一个不可或缺的关键因素。但就三地州贫困地区的现实情况来看，由于三地州贫困地区地处偏远、生态环境恶劣、人才稀缺，三地州贫困地区基层扶贫政府部门普遍存在文化层次低下、扶贫观念陈旧、扶贫能力严重匮乏等相关问题。因此，对于三地州贫困地区来说，要想保证产业精准扶贫模式健康、有序运行，通过相应途径提升基层扶贫政府部门工作人员的扶贫能力也是三地州扶贫进程中必须面对和着重解决的一个问题。要想有效提升基层扶贫政府部门工作人员的扶贫能力，笔者认为应在"引"和"育"两个方面下功夫。一方面，吸引大量优秀人员填充到基层扶贫政府部门中。具体措施为：通过适度提升基层扶贫工作人员待遇，扩展扶贫工作人员发展空间等，吸引大学生及专业扶贫工作人员到新疆三地州贫困地区任职；充分利用"访惠聚"工作组人员智慧，将"访汇聚"工作组人员也纳入所在辖区的扶贫开发工作当中；紧抓"对口援疆"契机，充分利用援疆干部的扶贫智慧与经验，开展扶贫开发工作。另一方面，大力实施乡村干部素质工程，加强基层扶贫政府部门工作人员的培训力度，提升基层扶贫政府部门工作人员的扶贫带动能力。具体措施包括：依托党校、行政学院以及高校资源等对扶贫工作人员开展定期、不定期培训；选派工作人员到内地省（区）和北疆部分县（市）进行挂职交流，通过交流学习转变基层扶贫工作人员思想观念，拓展其知识面，提升其扶贫带动能力等。

9.1.2 农村新型经营主体能力建设

针对三地州贫困地区两种类型贫困农户提出的产业精准扶贫模式运行的带动主体虽然有所差异，但均为农村新型经营主体。农村新型经营主体对贫困农户发展生产的引领和带动功能的发挥，与其自身的扶贫带动能力和扶贫意愿有着密不可分的联系。因此，新疆连片特困区产业精准扶贫模式运行农村新型经营主体能力建设对策建议主要从壮大农村新型经营主体综合实力、提升农村新型经营主体扶贫带动能力和增强农村新型经营主体扶贫意愿两个方面展开。

9.1.2.1 培育农村新型经营主体、壮大农村新型经营主体综合实力和扶贫带动能力

对于三地州贫困地区来说，培育农村新型经营主体、壮大农村新型经营主体综合实力和扶贫带动能力，可以从以下几个方面努力：第一，应加大农村新型经营主体发展政策支持和资金扶持力度。具体来说，一方面三地州贫困地区应充分考虑辖区农村新型经营主体发展诉求，结合农村新型经营主体现实情况，通过不断创新农村新型经营主体创建、发展制度与政策，为农村新型经营主体健康发展提供良好的外部政策和制度环境；另一方面应通过税负减免、财政支农资金投入、招商引资等多种途径，加大农村新型经营主体发展的资金扶持力度。第二，应不断提升农村新型经营主体自主创新能力和自主发展能力。具体措施包括：①通过发放资料、媒介宣传、推介典型等多种途径加强宣传引导，转变农村新型经营主体发展理念，使其充分意识到规范内部管理、整合资源、做大做强的重要性，提升经营主体创强争优意识；②引导和组织农村新型经营主体对其现有的资本、人才、技术、品牌等要素进行整合，使其逐步转变成具备现代企业发展形态的经营实体；③引导农村新型经营主体树立规范的生产经营理念，引导其通过建立统一的技术标准和技术服务、统一的农资采购供应、统一的信息服务、统一产品质量检测监管等生产经营制度，实现资源共享，提升产品产量与质量，降低生产成本，提高产品市场占有率和竞争力。第三，应加强农村新型经营主体人才队伍建设。具体可以从以下两个维度入手：一是将现代农业人才培养计划作为新型农村人才培养工程的重要组成部分，针对家庭农场主、种养大户、农民经济合作组织和农村社区性合作组织相关负责人开展创业培训和技术支持等；二是制定相关的优惠政策，吸引专业性技术人才到农村新型经营主体就业、创业，为培育、壮大农村新型经营主体综合实力提供足够的人才保障。第四，应努力营造、培育、壮大农村新型经营主体的外部环境。具体措施包括：一方面加强政府部门之间的协调沟通，各相关部门之间分工协作，紧密配合，力尽所能为发展壮大农村新型经营主体提供优质服务；另一方面应加快推进农村土地承包经营权规范、合理、有序流转，为培育壮大农村新型经营主体奠定规模经营生产要素资源基础。

9.1.2.2 培育农村新型经营主体社会责任，激发农村新型经营主体扶贫主体意识

要想最大限度地发挥农村新型经营主体对贫困农户发展生产的带动功能，除了壮大农村新型经营主体自身综合实力外，还应该着重培养农村新型经营主体的社会责任和扶贫意识。因此，三地州贫困地区在推行产业精准扶贫模式的过程

中，应高度重视农村新型经营主体扶贫意识的培育工作。具体来说，一方面当地扶贫部门应加大扶贫开发正面宣传力度，营造全社会扶贫济困的优良氛围，激发农村新型经营主体的扶贫热情和积极性，动员其广泛参与到扶贫开发事业当中；另一方面对于扶贫事业参与度高、贫困农户带动能力和带动意愿强的农村新型经营主体，扶贫开发部门可以制定一系列的激励引导措施，如通过税收减免、财政资金支持等方式激励其持续参与到贫困地区的扶贫开发事业当中。

9.1.3 贫困农户能力建设

贫困农户既是产业扶贫开发工作的接受者，也是产业扶贫开发工作的关键参与主体。同时，其对产业扶贫开发模式的正常运行也具有显著的影响。产业扶贫开发模式能否针对贫困农户广泛推广，就贫困农户自身角度来看，关键取决于贫困农户对该类型产业扶贫开发模式的认可度以及其参与能力。

9.1.3.1 增强贫困农户认可度和参与热情

增强贫困农户对其对接产业精准扶贫模式的认可度和参与热情是该类型产业扶贫开发模式得以顺利开展的前提。因此，三地州扶贫开发部门在推行产业精准扶贫模式的过程中，应通过多种途径和方式，千方百计提升贫困农户对其对接的产业扶贫开发模式的认可度和参与热情。具体来说，扶贫政府部门一方面可以借助农村宣传媒介，通过政策宣传等方式，宣传相应产业扶贫模式在带动农户发展生产中的优势和给贫困农户带来的益处，提升贫困农户对相应产业扶贫模式的了解程度和认识水平，进而增强贫困农户的认可度和参与热情；另一方面可以发挥示范效应，组织参与相应产业扶贫模式的农户现身说法，向其周边亲邻讲述参与产业精准扶贫模式的好处，带动贫困农户参与到相应的产业精准扶贫模式当中。

9.1.3.2 培育贫困农户发展生产能力

培育贫困农户的发展能力主要是针对有劳动能力贫困农户展开的。针对当前三地州贫困农牧民的现实情况，培育贫困农牧民的发展能力。首先，应依托农村夜校、农民职业技能培训机构、职业技术院校以及高等院校等教育和培训资源，分层次、有计划、有步骤地对贫困农户开展实用技术、经营管理知识、市场经济法律法规以及农业产业扶贫政策等方面知识技能的培训和教育。其次，应逐步建立健全科技服务推广与培训体系，采用科技专家下乡、科普专题讲座等多种形式，针对贫困农户开展农作物种植栽培、高产技术，畜牧、家禽养殖，民族手工业加工等方面科技知识讲座。再次，应大力扶持农村文化活动室、村图书馆建设，征订农村实用技术方面的书报刊物、科普知识读本和书籍，为贫困农牧民沟通、学习、了解先进农村实用技术提供良好的环境和阵地。最后，应针对贫困农牧民加强农村双语教育和通用语言培训工作，切实提升贫困农牧民的通用语言沟通能力，消除贫困农牧民发展生产和学习先进生产技能与知识过程中的语言障碍问题。

9.2 新疆连片特困区产业精准扶贫模式运行保障体系

9.2.1 政策与制度保障

9.2.1.1 健全土地流转政策与制度

就前文提出的产业精准扶贫模式来看，无论是针对有劳动能力贫困农户提出的“公司带动的股份合作经营”产业扶贫模式，还是针对无劳动能力提出的“委托经营”产业扶贫模式，农户土地经营权流转都是其中必不可少的环节。因此，应进一步推动农村土地流转政策和法律法规的制定，逐步健全和完善土地流转制度。具体来说，首先，应推动农村耕地经营权确权到户，建立健全登记簿，颁发土地承包经营权证书，建立健全档案管理制度，从法律和制度上保障农牧民土地的使用权，从根本上消除农村基层扶贫政府部门、农村权势人物对农户土地使用权的侵害行为，确保农村土地承包关系的长期稳定；其次，应出台农户土地承包经营权流转相关法律法规，从法律维度对土地流转原则、流转方式、流转程序、流转补偿标准以及收益分配，流转后的权利和义务、流转监管机制以及流转的法律责任做出明确、具体的规定，规范土地流转行为，依据法律组织农户有序开展土地流转活动；再次，应加强对土地承包经营权流转的管理和服务，建立区、市（县）、乡、村多层次的统一的农村土地流转、交易平台，制定交易平台建设与运行相关政策法规，规范土地交易平台建设和运行，促进农村土地有序流转；最后，应构建农村土地流转中介制度，依托相关单位和部门建立土地流转中介组织，负责土地流转的管理及中介，收集发布土地供求信息，开展项目推介，规范土地流转程序，指导办理土地流转手续，协调处理各方关系等相关工作，有效提升贫困农牧民土地流转的便利化程度。

9.2.1.2 完善扶贫资金管理制度，创新扶贫资金投放办法

在扶贫资金管理和使用方面，一方面应在《财政专项扶贫资金管理办法》

的基础上，进一步完善扶贫资金管理制度；另一方面应不断探索和创新扶贫资金投放方式，提升扶贫资金的扶贫效率和效果。具体来说，在扶贫资金管理方面，扶贫资金应始终遵循“项目管理，分工协作，招标采购，审批保障”的原则，创建扶贫资金专户，始终坚持扶贫资金专户储存、专账核算、专人管理、专款专用，封闭运行，始终保证扶贫资金不脱离扶贫项目轨道，最大限度杜绝资金挪用、他用，贪污等违法乱纪现象的发生，并对挤占、挪用、转移、截留、滞留扶贫资金的行为加大惩罚力度，切实保障扶贫资金的使用安全。在扶贫资金投放方式方面，新疆三地州扶贫开发相关部门应积极探索扶贫效果更优的扶贫资金投放方式，从“管总量不管结构、管任务不管项目、管监管不管实施”的扶贫资金投放思路出发，创建与贫困地区、贫困农户基础条件相匹配的、扶贫资金投放效率更高、扶贫效果更好的扶贫资金投放方式，实现扶贫资金从“扶贫资金到户”到“扶贫效益到户”的精准扶贫的转变，有效破解因扶贫资金投放方式不合理而造成的扶贫资金使用效率不高的问题，切实保障扶贫资金高效运行。

9.2.1.3 建立健全产业保险制度

建立健全产业保险制度也是保障产业精准扶贫模式健康、有序运行的一项重要的制度安排。三地州相关部门应根据特色扶贫产业的特点和发展需要，因地制宜探索特色产业保险产品，并将保险服务延伸至生产风险、市场风险等全产业链条，形成完善的产业保险保障体系。具体来说，一方面，在当前政策性产业保险保成本、保产量的基础上，鼓励保险机构针对贫困地区贫困农牧民开发保价格、保收入的产品价格保险和特色产业保险品种，切实提高对贫闲地区农牧民生产的保护；另一方面，鼓励保险机构发展小额贷款保证保险，为贫困群体脱贫致富提供资金支持。与此同时，扶贫部门应建立保险补偿机制，给予参与保险的贫困农牧民一定额度的保费补贴，提升贫困农牧民参与产业保险的积极性和热情，扩大保险服务对贫困农牧民的覆盖范围，推动保险服务触及贫困群体家庭生产生活的每一个角落。

9.2.2 资金投入保障

对于新疆连片特困区产业精准扶贫模式来说，无论是扶贫公司、合作经济组织、农村大户等农村新型经营主体，还是贫困农户，在参与精准扶贫模式运行的过程中必须具备充足的资金支持。因此，要想推动三地州产业精准扶贫模式高效、有序运行，应千方百计加大产业扶贫资金的投入力度。就具体措施来说，首先，应坚持政府财政扶贫资金投入的主体和主导作用，在加大对贫困地区一般性财政转移支付力度的同时，加强项目资金整合，统筹各类各级财政资金向贫困地区和贫困人口倾斜，最大限度增加产业扶贫专项财政资金的投入。其次，应创新金融扶贫政策，充分运行财政扶贫资金的杠杆效用，引导和鼓励金融机构创新金融产品和延伸服务网络，加大贫困地区有特色、有潜力产业的信贷投放力度。同时，在贷款发放过程中，要求金融机构一方面适当简化贷款程序，降低贷款担保、抵押条件，延长贷款期限，提高信用贷款额度；另一方面要下沉服务中心，充分利用农村基层组织、驻村扶贫工作队等资源，降低金融服务成本，提高贫困人口金融服务可及性和质量。此外，还应拓展贫困地区抵押物担保范围，建立贫困农户个人信用档案，解决贫困地区贷款贵、贷款难等问题，提升贫困农户申贷获得率。再次，应积极推动小额贷款公司、担保公司等民间信贷规模发展，大力扶持发展村镇银行等新型农村金融机构，组织和引导小额信贷公司、担保公司以及新型农村金融机构参与到贫困地区产业扶贫开发活动当中，多渠道拓展贫困农户发展生产融资平台，增加产业扶贫资金投入。最后，应高度重视非政府组织、国际扶贫组织等社会扶贫成员对贫困地区产业扶贫开发工作的资金帮扶作用，坚持“以我为主，为我所用”的原则，找准外资引进、投入的切入点，将非政府组织、国际扶贫组织等社会扶贫组织均纳入贫困地区产业扶贫开发工作当中，通过拓展外资扶贫范围、领域和内容，增加合作伙伴，开展富有实效性的投资合作项目，引导非政府组织、国际扶贫组织等社会扶贫组织开展产业扶贫活动，推动产业精准扶贫模式健康、有序运行。

9.2.3 科技服务保障

科学技术是第一生产力，是提升产品产量、质量，提高产品附加值，增强产业竞争力的关键途径。对于新疆连片特困区产业扶贫开发工作来说，无论采用什么样的产业扶贫开发模式，在运行过程中均需要强有力的科技服务体系作为支撑，以保障其可以高效、有序的运行，切实提升其对贫困农户的服务能力和水平。目前三地州科技事业发展虽然较以前取得了明显进步，但与内地发达省（区）相比还存在明显的差距。新疆三地州的科技创新工作普遍存在科研人才匮乏、科技队伍结构不合理、科技基础条件平台欠缺、科技资源整合不足、研究开发能力弱、自主创新能力差等相关问题。因此，要保证新疆连片特困区产业精准扶贫模式正常运行，应坚定不移地实施“科教兴新”战略，在新疆三地州贫困地区大力发展科技创新事业，全方位实施“科技扶贫”战略。具体来说，首先，应从新疆三地州发展战略和特殊区情出发，通过国家专项拨款、贴息贷款、合作赠送，东部高新企业、高校、科研院所来疆共建“孵化器”，大学科技园、高新科技产业开发区等创新基地，以及与内地省（区），中亚、俄罗斯等国家展开科技合作等多种形式推进新疆三地州科技基础平台建设，为三地州科技事业发展打造坚实的基础和营造良好的科技创新环境。其次，应借助在疆的国家农业重点实验室、工程科技研究中心、试验基地，以及内地省（市）、高校、科研院所的资金、技术、人才等科研基础平台和优势科研资源，大力推进三地州特色种养业优良品种，先进养殖，疫病防疫，农产品加工，质量安全，资源环境等方面新技术的开发研究与推广工作。再次，应把科技推广与扶贫开发项目紧密结合起来，突出科技扶贫在扶贫开发中的作用，建立健全农业科技服务推广服务体系，在农村地区大力推广成熟可靠、容易掌握、增产增收效果显著的实用技术，加快科技成果转化速度，充分发挥科技在扶贫开发中的推动作用。最后，应积极采取相应措施，鼓励各类科研组织、科技人员到贫困地区来，培养、打造一支善于推动理论创新、科技创新和文化创新的专业技术人员队伍，嵌入三地州扶贫项目中，保障产业精准扶贫模式健康、有序运行。

9.2.4 市场拓展保障

对于三地州的产业扶贫开发工作来说，无论采取什么样的模式，要想使贫困农户受益，一个非常关键的环节就是使产品可以顺利地销售出去。对于前文构建的三地州的产业精准扶贫模式来说，亦是如此。同时，根据前文产业精准扶贫模式的运行机制，其主要是依托农村新型经营主体带动，特别是扶贫公司带动发展相关产业扶贫项目。因此，要想最大限度发挥扶贫公司、合作经济组织、家庭农场、大户等农村新型经营主体对贫困农户的带动作用，当地扶贫开发部门应采取一定的措施，帮助其丰富产品销售渠道，拓展产品销售市场，使产品可以及时、快速地销售出去。帮助扶贫公司、合作经济组织、大户、家庭农场等产业扶贫带动组织拓展产品销售市场，当地政府应在以下几个方面做出努力：首先，应抓住农村电子商务发展机遇，结合贫困地区实际情况，制定并实施农村电子商务发展规划，完善农村社会化服务体系，搭建联结城乡双向流通渠道，推进线上线下融合，构建“生产、销售、消费、信用” +互联网的“四位一体”发展新模式，全面推进农村电子商务发展。其次，应高度重视新疆特色农产品的外销工作，贫困地区相关部门应主动出击，通过举办和参加各类农产品推介会、展销会等，在内地省（区）搭建农产品销售平台，扩大新疆优质农产品的影响力，提升内地居民对新疆优质农产品的认可程度和需求水平，为贫困地区优质农产品走进内地市场畅通渠道。再次，充分利用 19 个省（区）对口援疆契机，依托援疆省（区）相关政府部门，在对口援疆省（区）开展农产品推介会，或者在援疆省（区）政府的“穿针引线”下，积极与援疆省（区）相关企业开展合作等，最大限度发挥援疆省（区）对三地州贫困地区农产品的销售带动作用。最后，应紧紧抓住丝绸之路经济带建设契机，大力推进产品“走出去”战略，积极寻找与丝绸之路沿线国家产业合作机会，通过与丝绸之路沿线国家产业合作，拓展南疆三地州贫困地区相关产品的海外市场，实现产品外销，尽最大努力解决南疆三地州贫困地区产品销售问题。

9.2.5 基础设施建设保障

完备的基础设施也是新疆连片特困区产业精准扶贫模式得以正常运行的重要保障。本书关于新疆连片特困区产业精准扶贫模式运行基础设施建设主要从交通、水利、电力、通信四个维度提出相应的对策建议。

9.2.5.1 交通基础设施建设

公路基础设施建设方面，应以提高公路整体运行能力和服务水平为重点，进一步优化干线公路技术等级结构，提高村级公路通畅水平，基本形成高效的干线公路和便捷的农村公路运输体系。首先，应积极推进纳入国家高速公路网规划的重大项目建设，加快城际快速通道建设，实现片区各市首府所在地公路高速化，建成贯通新疆三地州、沟通周边地区的高速、高等级公路网。其次，全面推进国省道建设及升级改造，实现国道达到二级及以上公路标准，各县通二级及以上公路。再次，加大国边防公路、口岸路、资源路投入力度，国边防公路全部实现等级化，口岸公路全部实现黑色化，口岸通二级以上公路。最后，应加快农村公路建设，不断提高公路通达深度，加大路网密度。建制村和有条件的自然村实现“村村通沥青公路”，构建层次分明、功能明确的客货运输服务体系。

铁路基础设施建设方面，应以加快新线建设，扩大路网规模为重点，加快阿克苏—喀什铁路复线、喀什—和田铁路复线、和田—民丰—若羌铁路等项目前期工作并开工建设；加快和田—狮泉河—日喀则、喀什—红旗拉普口岸铁路建设；加强国际通道建设，加快推进中吉乌铁路、中巴铁路建设。打造喀什铁路枢纽。

民航基础设施建设方面，加强喀什机场和和田机场的扩建改造工程，进一步提升喀什机场和和田机场的客货运输能力。加快推进莎车机场建设。开通喀什直达中亚、南亚等周边国家重要城市的国际航线，开辟和新增喀什、和田疆内城市及内地城市之间的航线。打造喀什枢纽机场，使其成为重要的国际航空港。

9.2.5.2 水利基础设施建设

水利基础设施建设坚持开源节流并重，防洪抗旱并举，着力加强重大水利工程建设，增强水资源调控能力，提高水资源保障水平，实现水资源优化配置和可持续利用。具体来说，首先应加强叶尔羌河、和田河等主要流域调蓄和配置性骨干工程建设，加快建成一批山区调控性水利枢纽工程，完善主要流域及灌区间调水工程，使各灌区用水相互调节，提高灌区供水保证率和区域地表水资源调控能力；其次加强防洪工程建设，重点推进大河防洪工程、重点灾害性河流防洪工程、中小河流治理工程、山洪灾害防治工程建设，包括永久性堤防、山洪沟治理、河道整治、滞洪水库、治涝工程、水库加固、护岸工程建设和防洪非工程措施等；最后大力推广高效节水技术，结合贫困地区农业结构、生产方式、种植模式等，大力推广新型高效节水技术。兴修防渗渠道，全面实施打井工程，加快推广微灌、波涌灌、低压管道灌等先进田间高效灌溉技术。

9.2.5.3 电力基础设施建设

电力基础设施建设始终坚持适度超前的原则，加快电力基础设施建设，扩大电网覆盖面，形成稳定、完善的电源电网新格局，从根本上解决无电地区和无电人口的用电问题，保障工农业发展用电需求。电源建设方面，根据新疆三地州能源资源结构，优先发展水电，大力发展火电，积极发展光电，实现水电、火电、光电“三电”互补的电源机构。积极开发利用风能、太阳能、生物质能等清洁能源和可再生能源。电网建设方面，进一步完善各级电网网架结构，实现三地州各县市之间、三地州电网与新疆主电网之间在更高等级上互联互通。加快无电乡村电网延伸工程建设，继续完善农村电网改造，提高农村用电保障水平，实现“户户通电”。加强城乡一体化电网建设，全面提高电网通达水平、输送能力、供电质量，全面提高电网保障经济发展的能力。

9.2.5.4 信息基础设施建设

三地州信息基础设施建设以互利互惠、资源共享为基本原则，以提高全社会信息化水平为目标，着重加强互联网、电信网和广播电视业务网等三大网络建设，着力加强电子政务和农村信息平台建设，强化信息化应用推广，努力构建与南疆三地州经济社会发展相适宜的信息化新格局。第一，加快新疆三地州光纤宽带基础设施建设，大力推进主要城区和县市光纤到楼入户，全面提升宽带接入能力，同步提升骨干网传输和交换能力；第二，大力推进农村宽带入乡进村工程，加快光纤向行政村、宽带向自然村延伸，同时推动电信网、广播电视网、互联网“三网融合”，提升网络对贫困地区的覆盖水平；第三，加快4G网络建设，加大加深网络覆盖面，积极开展无线网络优化、网络性能提升等工作；第四，积极推进电子政务外网工程建设，加快三地州公用信息平台建设，实现各类政务信息的共享，以增强政府工作透明度，提高政府服务水平；第五，加快建立网络管理服务中心，为各种类型信息网络提供业务指导和技术服务，为农牧民了解生产、销售等相关信息，创建良好的网络平台。

9.3 本章小结

对于第8章提出的新疆连片特困区两类产业精准扶贫开发模式来说，要想保证其在三地州贫困地区扶贫开发进程中高效、有序运行，一方面要求产业精准扶贫模式核心参与主体可以较好地胜任产业扶贫相关工作；另一方面产业精准扶贫模式运行需要具备良好的外部环境。基于以上分析，本章首先针对新疆连片特困区产业精准扶贫模式核心参与主体——基层扶贫政府部门、农村新型经营主体以及贫困农户，提出提升其产业扶贫工作胜任能力的相关对策建议；然后从政策与制度、资金投入、科技服务、市场拓展以及基础设施建设五个维度构建新疆连片特困区产业精准扶贫模式运行外部保障体系。

第 10 章　研究结论与展望

10.1　研究结论

本书依据《中国农村扶贫开发纲要（2011—2020 年）》界定新疆连片特困区为新疆三地州农村地区，依据三地州部分县（市）2016 年产业扶贫项目规划确定新疆连片特困区产业扶贫精准扶贫模式涉及产业类型重点为三地州农村地区大力发展的特色种植业、特色养殖业以及民族手工业。通过对三地州贫困农户发展种植业、养殖业以及民族手工业等相关产业，推出的产业扶贫模式的相关问题展开研究，得出以下结论：

第一，三地州产业扶贫开发工作贯穿于三地州体制改革、大规模农村开发、解决和巩固温饱、全面脱贫攻坚等多个扶贫开发阶段，在组织体系建设、政策制定与实施、资金投入、农牧民职业技能培训及基础设施建设等方面做了大量工作。但扶贫效果与全国相比存在明显差距，且不可持续。产业扶贫模式不精准是一个重要原因。

第二，三地州贫困地区扶贫开发部门围绕特色种养业、民族手工业推出“农户自营”“农民专业合作社经营”“公司带动的订单生产”三类相对成熟的产业扶贫开发模式。其中，“农户自营”模式的农户认可度最低；“农民专业合作社经营”模式虽略好于“农户自营”模式，依然处于较低水平；“公司带动的订单生产”模式农户认可度最高，但与人们预期依然存在一定的距离，也存在一定的缺陷。

第三，贫困对象识别不精准、产业扶贫模式设计程序不科学以及产业扶贫模式运行缺乏有效的监管、考核及纠偏机制是造成新疆连片特困区现有产业扶贫模式存在问题的关键原因。

第四，构建产业精准扶贫模式应在对贫困对象、贫困特征、致贫原因、贫困家庭生计资本以及自我发展诉求精准识别的基础上，依据贫困对象贫困特征、致贫原因、家庭生计资本以及自我发展诉求等基础条件通过多维参与的方式展开构建。

第五，贫困农牧民精准识别结果表明，三地州贫困农牧民在发展生产中普遍存在市场、资金、技术以及劳动力某一方面或几方面短缺的问题。同时，鉴于有无劳动能力贫困农户对接产业、发展诉求及产业扶贫落脚点差异，三地州贫困农牧民依据劳动力有无状况进行分类，分别展开构建。有劳动能力贫困农户着重解决贫困农户发展生产市场、资金或技术某一方面或几方面短缺问题，无劳动能力贫困农户着重解决贫困农户因劳动力短缺无法自主发展生产的问题。

第六，依据贫困农户、扶贫一线工作人员、扶贫专家访谈结构，构建有劳动能力贫困农户有效破解贫困农户发展生产市场、资金或技术方面的短缺及分享产品生产、加工、流通、销售等相关环节利润，最大化利用扶贫资源的“公司带动的股份合作经营”产业精准扶贫模式；构建无劳动能力贫困农户通过土地、资金嵌入产业链条，分享产业发展红利的“委托经营”产业精准扶贫开发模式。

10.2 研究不足与展望

本书虽然在整体上遵循了较为严谨的研究逻辑，但由于笔者研究水平有限以及受到资料收集方面的限制，书中依然存在一些不足之处，需要进一步探讨和完善。

第一，本书关于新疆连片特困区贫困问题和产业扶贫模式相关问题的研究重点落脚在新疆三地州农村地区和农村地区的贫困群体。城镇贫困群体的贫困特征以及其参与的产业项目与农村贫困群体相比，必然存在较为明显的差异。城镇贫困群体对接的产业扶贫模式与农村贫困群体相比也应该有所不同。三地州城镇居民的产业扶贫模式是怎样的？产业精准扶贫模式应如何构建？需要进行进一步的探讨。

第二，本书关于新疆连片特困区产业扶贫模式相关问题的研究，所涉及的产业仅界定为目前三地州广泛推广的，对三地州贫困群体覆盖程度最广、影响最大的特色种植、特色养殖、民族特色手工等相关产业。对于乡村旅游、光伏产业等，因其在三地州贫困地区推广程度和覆盖水平均较低，本书对新疆连片特困区产业扶贫模式相关问题研究中，并未将乡村旅游、光伏产业等纳入研究范畴。但伴随着三地州乡村旅游、光伏产业在农村地区的逐步兴起和对贫困农户覆盖水平的日益扩大，如何针对农户发展乡村旅游、光伏产业，构建与贫困农户相匹配的产业精准扶贫模式，需要进行进一步的探讨。

第三，针对目前三地州贫困群体基础条件，构建有劳动能力贫困农户的“公司带动的股份合作经营”模式和无劳动能力贫困农户的“委托经营”模式。但这些模式仅从理论上证明其是精准、可行的，而其在三地州贫困地区产业扶贫具体实践中，是否精准、可行，因缺乏后续的论证和实践检验等相关环节，无法进行精确的判断。进一步开展产业精准扶贫模式可行性实践检验也是后续应着重跟进的一个研究方向。

附　　录

附录1　新疆三地州部分县市产业扶贫项目统计表

附表1　三地州部分县市产业扶贫项目

县(市)	产业扶贫项目类别	产业扶贫项目建设内容	资金投入（万元）	资金占比（%）
英吉沙	禽畜养殖	羊2630只；鸡苗7.1875只；牲畜棚圈1875座；草料地300亩；饲料粉碎、打包机2套	1281	34.50
	特色种植	经济林1650亩；果园改造600亩；育苗2340亩；拱棚2093座；杏热风烘干房397座；低产田改造4250亩；防渗渠4公里	2167	58.36
	民族手工	购置缝纫机1250台	200	5.39
	庭院经济	发展庭院经济130户	65	1.75
叶城	禽畜养殖	牛364头；羊18500只；牦牛60头；牲畜棚圈1313座；草料地100亩	3143	58.46
	特色种植	土地整治10800亩；杏热风烘干房300座；闸口31个；防渗渠2.5公里；玛卡240亩；雪菊240亩	1519	28.26
	庭院经济	庭院经济建设928户	714	13.28
伽师	禽畜养殖	畜棚圈818座；羊8000只；牛30头	1890.4	28.38
	特色种植	核桃1250亩；防渗渠16.3公里；桥、涵、闸配套210座；杏热风烘干房400座；低产田改造500亩	1534.5	23.04

续表

县(市)	产业扶贫项目类别	产业扶贫项目建设内容	资金投入（万元）	资金占比（%）
伽师	庭院经济	庭院经济建设 530 户，发展畜牧、林果业	2875	43.17
	服务	新建便民服务超市 12 座	360	5.41
莎车	禽畜养殖	红嘴雁 20.1315 万只；羊 4581 只；鸡苗 20000 只；畜牧禽畜棚圈 2235 座	2245.33	35.47
	特色种植	红枣 2334 亩；杏热风烘干设备 70 套；排碱渠 8.33 公里	338	5.34
	庭院经济	发展庭院经济 12767 户	3715.6	58.70
	民族手工	刺绣机 43 台；地毯架 30 套；缝纫机 30 台	30.9	0.49
岳普湖	禽畜养殖	驴 420 头；羊 1000 只；家禽 5 万只；禽舍 400 座；牲畜棚圈 620 座	1314	49.68
	特色种植	防渗渠 8 公里；土地整治 2400 亩；红枣 1250 亩；果蔬晾房 150 座；葡萄架 200 座	725	27.41
	庭院经济	庭院经济建设 1040 户	556	21.02
	民族手工	手工艺品加工户配备相应设施	50	1.89
塔什库尔干	禽畜养殖	草料地建设 3020 亩；牲畜棚圈 100 座；羊 500 只	450	28.88
	特色种植	土地整治 1000 亩；桥、涵、闸配套 70 座	170	10.91
	庭院经济	庭院经济 800 户，发展玛卡、雪菊等特色种植产业	938	60.21
巴楚	禽畜养殖	购买牛 120 头；购买羊 10736 只；购买养殖鸡 10000 只；建设人工草料地 500 亩；新建牲畜棚圈 890 座	2561.4	65.51
	特色种植	果树嫁接 53.8713 万株；土地整治 6400 亩；杏热风烘干房 3 座；防渗渠 25 公里；桥、涵、闸等 20 座；排碱渠 0.6 公里	868.5	22.21
	庭院经济	庭院经济建设 641 户	446.8	11.43
	民族手工	刺绣机 30 台；地毯架 30 套；扶持 50 户农户进行小型手工艺品加工	33	0.84
麦盖提	禽畜养殖	牛 500 头；羊 7950 只；牲畜棚圈 80 座	2003	65.14
	特色种植	机井 2 座；土地整治 3420 亩	397	12.91
	庭院经济	庭院经济建设 820 户	675	21.95
泽普	禽畜养殖	鸡 5000 只；牛 147 头；羊 5967 只；牲畜棚圈 541 座；禽舍 255 座	1709.7	66.64
	特色种植	果树嫁接 5.6667 株；完成低质土地整治 380 亩；节水灌溉面积 500 亩；防渗渠建设 17.2 公里；种植花生 300 亩	743.4	28.98
	庭院经济	发展庭院经济 150 户	112.5	4.38

续表

县(市)	产业扶贫项目类别	产业扶贫项目建设内容	资金投入（万元）	资金占比（%）
喀什市	禽畜养殖	购买生产羊 1900 只	350	10.48
	特色种植	拱棚 300 座；景观树苗圃 120 亩；土地治理 1000 亩；果蔬烘干房 60 座；排碱渠 21 公里；水稻品种改良 2000 亩；林果业 4800 亩；防渗渠 13 公里；机井 2 眼；桥、涵、闸配套 10 座	1934	57.90
	庭院经济	庭院经济 1440 户	840	25.15
	民族手工	手工业品加工设备 50 套；地毯架 10 套	30	0.90
	乡村旅游	购买旅游开发设备（三轮电动车）310 辆	186	5.57
和田县	禽畜养殖	购买生产母牛 25 头；购买生产羊 7814 只；饲草料地建设 2200 亩；新建牲畜棚圈 551 座	1761	31.03
	特色种植	土地整治 300 亩；果树嫁接 27 万株；红枣精品园 400 亩；节水灌溉 8870 亩；桥、涵、闸配套 200 座；机井 15 眼；冬菜储存窖 1040 座；温室大棚 100 座；防渗渠 12.2 公里；小麦种植 2000 亩	3329	58.66
	民族手工	民族手工艺品加工设备 120 套	50	0.88
	庭院经济	庭院经济建设 300 户	535	9.43
皮山	禽畜养殖	饲草料地 6500 亩；鸡苗 12 万只；鸡舍 50 座；羊 2250 只	1780	57.83
	特色种植	节水灌溉 9300 亩；土地整治 6370 亩；杏热风烘干设备 20 套	1298	42.17
民丰	禽畜养殖	牛 100 头；羊 3314 只；饲草料地 700 亩；牲畜棚圈 200 座	776	61.20
	特色种植	嫁接果树 3 万株；土地整治 1500 亩；节水灌溉 500 亩；防渗渠 17 公里；排碱渠 5 公里	492	38.80

附录 2　新疆连片特困区贫困及产业扶贫状况调查问卷

为准确摸清新疆连片特困区贫困和产业扶贫现状，更好地推进产业精准扶贫事业，故设计此问卷。请被抽样到的户主在选择选项后的“□”划√，或在横线上填写适当的文字、数据，除特别说明外，问题都为单选。非常感谢您接受本次调查。

受访者地址：新疆______县（市、区）______乡（镇）______村______组

调查日期：__________调查员：__________受访者电话：__________

第一部分：个人及家庭基本情况

1. 您的性别?

A. 男　　B. 女

2. 您的民族?

A. 维吾尔族　　B. 哈萨克族　　C. 回族

D. 汉族　　E. 其他民族________

3. 您的年龄?

A. 25 岁以下　　B. 26～35 岁　　C. 36～45 岁

D. 46～55 岁　　E. 56～65 岁　　F. 66 岁以上

4. 您的婚姻状况?

A. 已婚　　B. 未婚　　C. 离异

D. 丧偶　　E. 其他________

5. 您的家庭人口数为____人；其中老人____人；未成年人____人。

6. 您的家庭年人均收入情况?

A. 0～2300 元　　B. 2301～4000 元　　C. 4001～6000 元

D. 6001～8000 元　　E. 8001 元以上

7. 您的家庭经营性收入情况?

A. 0～2000 元　　B. 2001～4000 元　　C. 4001～6000 元

D. 6001～8000 元　　E. 8001 元以上

8. 您家的主要收入来源是什么?

A. 种植业　　B. 养殖业　　C. 经商

D. 外出务工　　E. 政府提供保障资金或扶贫资金

F. 子女或亲友援助　　H. 其他

9. 您家庭的耕地面积为____亩。

10. 您家里是否有亲友在城镇工作?

A. 有　　B. 没有

第二部分：贫困现状调查

11. 您的学历水平?

A. 小学及以下　　B. 初中

C. 高中（中专）　　D. 大专及以上

12. 您家里或邻居有没有适龄儿童（6~16岁）失学？

A. 有　　　　B. 没有

13. 您家里有没有病人？如果有，病人数为____人。

A. 有　　　　B. 没有

14. 您家中有没有交通工具（三轮车、摩托车、汽车）、农业机械（拖拉机、手扶拖拉机、灌溉设备、电动打谷机、家用水泵及其他农用机械）、家庭商业设备（用于商业活动的炊具、木工器具、理发用具、五金小铺器具和设备以及其他可用于商业经营的器具）中的一种或几种？

A. 有　　　　B. 没有

15. 您是否拥有自有住房？如果有，您的自有住房面积____平方米。

A. 有　　　　B. 没有

16. 您的日常饮用水是否为自来水？

A. 是　　　　B. 不是

17. 您家里或周边500米以内是否有冲水厕所？

A. 有　　　　B. 没有

18. 您家中是否通电？

A. 通电　　　　B. 没有通电

19. 您家中做饭时是否使用电、液化气或天然气等现代燃料？

A. 是　　　　B. 否

20. 您家中是否有录像机、彩色电视机、洗衣机、冰箱、空调、计算机、照相机、电话、手机、VCD/DVD、卫星接收器中的任何一种或几种耐用消费品？

A. 有　　　　B. 没有

21. 您家离最近医院的距离？

A. 0~5公里　　　　B. 6~10公里　　　　C. 11~20公里

D. 21~30公里　　　　E. 30公里以上

22. 您家离最近小学的距离？

A. 0~5公里　　　　B. 6~10公里　　　　C. 11~20公里

D. 21~30公里　　　　E. 30公里以上

23. 您家离最近中学的距离？

A. 0~5公里　　　　B. 6~10公里　　　　C. 11~20公里

D. 21~30公里　　　　E. 30公里以上

24. 您有没有参加任何一种医疗保险？

A. 有　　　　　　　B. 没有

25. 您或者您家里人想找工作时，是否可以顺利及时地找到合适的工作？

A. 是　　　　　　　B. 否

第三部分：贫困成因调查

26. 您认为导致您家庭贫困的主要原因是什么？

致贫因素	1 = 程度非常小	2 = 程度较小	3 = 程度居中	4 = 程度较大	5 = 程度非常大
（1）除农业外没有其他收入来源	□	□	□	□	□
（2）文化素质低、缺乏技能	□	□	□	□	□
（3）家庭成员患重病或残疾	□	□	□	□	□
（4）子女上学负担重	□	□	□	□	□
（5）地少、农产品价格低，销路不畅	□	□	□	□	□
（6）赡养老人、扶养子女负担重	□	□	□	□	□
（7）子女小，无法外出打工挣钱	□	□	□	□	□
（8）农村生活必需品物价水平高	□	□	□	□	□
（9）家中劳动力缺乏	□	□	□	□	□
（10）创业失败欠账拖累	□	□	□	□	□
（11）农作物自然灾害或突发事件影响	□	□	□	□	□
（12）居住地自然环境差，交通不便	□	□	□	□	□

第四部分：产业扶贫现状调查

27. 您家庭所在地是否开展了产业扶贫？

A. 开展　　　　　　B. 没有开展

28. 您家参与的产业扶贫模式类型（可多选）？

A. 农户自营　　　　B. 农民专业合作社经营

C. 扶贫公司带动订单生产

D. 其他________

29. 请您对您参与的产业扶贫模式的运行状况进行综合评价。

29－1. 农户自营模式运行状况综合评价：

产业扶贫模式评价指标	1＝非常不认可	2＝不认可	3＝一般	4＝认可	5＝非常认可
A1. 解决资金短缺问题	□	□	□	□	□
A2. 解决技术短缺问题	□	□	□	□	□
A3. 解决市场短缺问题	□	□	□	□	□
A4. 调动生产积极性	□	□	□	□	□
A5. 增加收入状况	□	□	□	□	□
A6. 提升收入稳定性状况	□	□	□	□	□
A7. 转变生产观念状况	□	□	□	□	□
A8. 提升生产技能状况	□	□	□	□	□
A9. 传播新科技（品种）状况	□	□	□	□	□
A10. 提升产业竞争力状况	□	□	□	□	□
A11. 改善环境状况	□	□	□	□	□
A12. 扶贫资源利用效率	□	□	□	□	□
A13. 自有资本、要素利用效率	□	□	□	□	□

29－2. 农民专业合作社组织经营模式运行状况综合评价：

产业扶贫模式评价指标	1＝非常不认可	2＝不认可	3＝一般	4＝认可	5＝非常认可
B1. 解决资金短缺问题	□	□	□	□	□
B2. 解决技术短缺问题	□	□	□	□	□
B3. 解决市场短缺问题	□	□	□	□	□
B4. 调动生产积极性	□	□	□	□	□
B5. 增加收入状况	□	□	□	□	□
B6. 提升收入稳定性状况	□	□	□	□	□
B7. 转变生产观念状况	□	□	□	□	□
B8. 提升生产技能状况	□	□	□	□	□
B9. 传播新科技（品种）状况	□	□	□	□	□
B10. 提升产业竞争力状况	□	□	□	□	□
B11. 改善环境状况	□	□	□	□	□
B12. 扶贫资源利用效率	□	□	□	□	□
B13. 自有资本、要素利用效率	□	□	□	□	□

29－3. 公司带动订单生产模式运行状况综合评价：

产业扶贫模式评价指标	1＝非常不认可	2＝不认可	3＝一般	4＝认可	5＝非常认可
C1. 解决资金短缺问题	□	□	□	□	□
C2. 解决技术短缺问题	□	□	□	□	□
C3. 解决市场短缺问题	□	□	□	□	□
C4. 调动生产积极性	□	□	□	□	□
C5. 增加收入状况	□	□	□	□	□
C6. 提升收入稳定性状况	□	□	□	□	□
C7. 转变生产观念状况	□	□	□	□	□
C8. 提升生产技能状况	□	□	□	□	□
C9. 传播新科技（品种）状况	□	□	□	□	□
C10. 提升产业竞争力状况	□	□	□	□	□
C11. 改善环境状况	□	□	□	□	□
C12. 扶贫资源利用效率	□	□	□	□	□
C13. 自有资本、要素利用效率	□	□	□	□	□

29－4. 其他产业扶贫模式运行状况综合评价：

产业扶贫模式评价指标	1＝非常不认可	2＝不认可	3＝一般	4＝认可	5＝非常认可
D1. 解决资金短缺问题	□	□	□	□	□
D2. 解决技术短缺问题	□	□	□	□	□
D3. 解决市场短缺问题	□	□	□	□	□
D4. 调动生产积极性	□	□	□	□	□
D5. 增加收入状况	□	□	□	□	□
D6. 提升收入稳定性状况	□	□	□	□	□
D7. 转变生产观念状况	□	□	□	□	□
D8. 提升生产技能状况	□	□	□	□	□
D9. 传播新科技（品种）状况	□	□	□	□	□
D10. 提升产业竞争力状况	□	□	□	□	□
D11. 改善环境状况	□	□	□	□	□
D12. 扶贫资源利用效率	□	□	□	□	□
D13. 自有资本、要素利用效率	□	□	□	□	□

30. 您认为造成您对家庭所在地实施的产业扶贫模式不满意的原因有哪些？

导致对产业扶贫模式不满意的原因	1＝非常不符合	2＝不符合	3＝一般	4＝符合	5＝非常符合
E1. 扶贫人员没有深入了解农户致贫原因	□	□	□	□	□
E2. 扶贫工作人员没有深入了解农户发展诉求	□	□	□	□	□
E3. 对贫困户没有建档立卡，进行动态管理和调整	□	□	□	□	□
E4. 工作人员没有准确了解您家的资源和优势	□	□	□	□	□
E5. 产业扶贫模式设计缺乏科学、合规的程序	□	□	□	□	□
E6. 农户没参与到产业扶贫模式设计中	□	□	□	□	□
E7. 技术人员和驻村干部没有参与到产业扶贫模式设计中	□	□	□	□	□
E8. 扶贫专家没有参与到产业扶贫设计中	□	□	□	□	□
E9. 对于产业扶贫模式实施，政府对扶贫效果缺乏监管	□	□	□	□	□
E10. 农户向扶贫工作人员反映扶贫模式问题不顺畅	□	□	□	□	□
E11. 产业扶贫模式调整不及时	□	□	□	□	□
E12. 扶贫工作人员无法胜任扶贫工作	□	□	□	□	□

31. 您认为扶贫工作人员应如何构建产业精准扶贫模式？

____

____

问卷到此结束，非常感谢您对本次调查的支持！衷心祝福您及您的家人幸福安康！

参考文献

［1］张新伟．扶贫政策低效性与市场化反贫困思路探寻［J］．中国农村经济，1999（2）：52－57.

［2］李兴江，窦开龙．转型期欠发达区域农村弱势群体的制度经济学探析［J］．生产力研究，2003（6）：40－42.

［3］周静茹．六盘山回族地区反贫困研究［D］．兰州：兰州大学博士论文，2014.

［4］金旭東．西北民族地区县域扶贫开发绩效评估［D］．兰州：兰州大学硕士论文，2015.

［5］程厚思，邱文达，赵德文．边缘与“孤岛”——关于云南少数民族地区贫困成因的一种解释［J］．中国农村观察，1999（6）：45－51.

［6］李茂林．民族地区贫困农村的反贫困策略［J］．经济导刊，2010（2）：36－37.

［7］王洪涛．中国西部地区农村反贫困问题研究［D］．北京：中央民族大学博士论文，2013.

［8］赵茂林．中国西部地区农村贫困与“教育反贫困”战略的选择［J］．甘肃社会科学，2005（1）：138－141.

［9］龚晓宽．中国农村扶贫模式创新研究［D］．成都：四川大学博士论文，2006.

［10］敬莉．少数民族人口贫困问题的多角度分析——以新疆为例［J］．生产力研究，2008（3）：61－63.

［11］潘明明，李光明，龚新蜀等．西部民族特困区农村人力资源开发减贫效应研究——以南疆三地州为例［J］．人口与发展，2016，22（2）：72－81.

［12］王改弟．反贫困与可持续发展［J］．经济问题，2000（4）：41－44.

［13］杨健吾．四川藏区贫困问题的现状和成因［J］．西藏研究，2005（4）：55－65.

［14］沈会盼，常永才．边远民族地区的扶贫开发——新疆巴音郭楞州个案分析［J］．贵州民族大学学报（哲学社会科学版），2003（1）：87－90.

［15］方珊媛．新疆国家扶贫开发重点县的现状与基本特征［J］．实事求是，2005（6）：38－39.

［16］阿里木江·阿不来提．新疆城镇贫困和反贫困研究［D］．乌鲁木齐：新疆师范大学硕士论文，2007.

［17］刘磊磊，李万明，杨强．新疆边境地区贫困的形成机理［J］．经济研究导刊，2008（17）：63－64.

［18］朱金鹤，崔登峰．新形势下新疆国家级贫困县的贫困类型与扶贫对策［J］．农业现代化研究，2011，32（3）：276－280.

［19］中国海南改革发展研究院反贫困研究课题组．中国反贫困治理结构［M］．北京：中国经济出版社，1998.

［20］中华人民共和国国家统计局农村社会经济调查总队：中国农村贫困监测报告1999［M］．北京：中国统计出版社，2000.

［21］蔡昉．中国人口与劳动问题报告——转轨中的城市贫困问题［M］．北京：社会科学文献出版社，2003.

［22］姚毅，王朝明．中国城市贫困发生机制的解读——基于经济增长、人力资本和社会资本的视角［J］．财贸经济，2010（10）：106－113.

［23］叶普万，周明．农民工贫困：一个基于托达罗模型的分析框架［J］．管理世界，2008（9）：174－176.

［24］陕立勤，Kangshou Lu. 对我国政府主导型扶贫模式效率的思考［J］．开发研究，2009（1）：152－155.

［25］郑志龙．制度绩效评估标准及我国政府扶贫开发制度绩效分析［J］．郑州大学学报（哲学社会科学版），2009（2）：25－29.

［26］樊纲．发展的道理［M］．北京：生活·读书·新知三联书店，2002.

［27］张杰，高晓红．注资博弈与中国农信社改革［J］．金融研究，2006（3）：48－56.

［28］张雄．西部大开发与西部少数民族经济社会和谐可持续发展论纲［D］．成都：西南财经大学博士论文，2007.

［29］峻峰．西部少数民族地区贫困问题与人力资本投资［J］．青海民族研

究，2004，15（2）：1－7.

［30］李俊杰，伍学德．对民族地区劳务输出的观察与思考——以武陵山区少数民族州县为例［J］．吉首大学学报（社会科学版），2006，27（6）：164－168.

［31］汪三贵，朱希刚．信贷扶贫资金的传递、管理与织金县的扶贫开发［C］．中国扶贫论文精粹．北京：中国经济出版社，2001.

［32］魏淑清．论西部民族地区贫困人口对经济发展的影响［J］．生产力研究，2011（7）：114－116.

［33］覃建雄，张培，陈兴．旅游产业扶贫开发模式与保障机制研究——以秦巴山区为例［J］．西南民族大学学报（人文社科版），2013，34（7）：134－138.

［34］黄国庆．连片特困地区旅游扶贫模式研究［J］．求索，2013（5）：253－255.

［35］赵荣，甘萌雨．基于居民感知的农村地区旅游扶贫效益研究——以砀山光明村为例［J］．福建师大福清分校学报，2015（3）：34－40.

［36］许源源．中国农村扶贫瞄准问题研究［D］．广州：中山大学博士论文，2006.

［37］余俐颖．扶贫绩效研究——以江西省为例［D］．南昌：江西财经大学硕士论文，2010.

［38］张曦．连片特困地区参与式扶贫绩效评价［D］．湘潭：湘潭大学博士论文，2013.

［39］邵志忠．从人力资源因素看红水河流域少数民族地区的贫困——红水河流域少数民族地区贫困原因研究之三［J］．广西民族研究，2011（2）：170－177.

［40］庄天慧，杨宇．民族地区扶贫资金投入对反贫困的影响评价——以四川省民族国家扶贫重点县为例［J］．西南民族大学学报（人文社科版），2010，31（8）：164－166.

［41］芦千文．我国贫困地区低碳扶贫模式研究［D］．北京：中共中央党校硕士论文，2013.

［42］蒋萍．四川省科技主导的扶贫模式及其效果评价研究［D］．雅安：四川农业大学硕士论文，2012.

［43］袁玥．我国政府金融扶贫模式创新研究［D］．长春：东北师范大学硕士论文，2012.

［44］杨波．甘肃精准扶贫开发新路径探析［J］．开发研究，2015（6）：59－62.

［45］刘解龙．经济新常态中的精准扶贫理论与机制创新［J］．湖南社会科学，2015（4）：156－159.

［46］黄承伟，覃志敏．我国农村贫困治理体系演进与精准扶贫［J］．开发研究，2015（2）：56－59.

［47］郑瑞强．精准扶贫的政策内蕴、关键问题与政策走向［J］．内蒙古社会科学，2016，37（3）：1－5.

［48］汪三贵，郭子豪．论中国的精准扶贫［J］．党政视野，2016（7）：44.

［49］潘帅．新常态下我国精准扶贫工作机制研究［D］．石家庄：河北师范大学硕士论文，2016.

［50］刘胜林，王雨林，庄天慧等．基于文献研究法的精准扶贫综述［J］．江西农业学报，2015（12）：132－136.

［51］王国勇，邢溦．我国精准扶贫工作机制问题探析［J］．农村经济，2015（9）：46－50.

［52］梁土坤．新常态下的精准扶贫：内涵阐释、现实困境及实现路径［J］．长白学刊，2016（5）：127－132.

［53］李万明，崔静，张建伦．内生经济增长理论与反贫困——基于“丝路明珠”和田地区的贫困问题研究［J］．生态经济（中文版），2008（2）：26－29.

［54］孟戈．不断推进新疆扶贫开发的模式创新［J］．新疆社科论坛，2006（2）：84－88.

［55］陈阳．新疆：全面推进农村扶贫开发工作［J］．宏观经济管理，2007（11）：61－62.

［56］韩丽萍，韩茜．新疆以工代赈扶贫开发工作的实践与思考［J］．新疆社科论坛，2010（3）：14－18.

［57］胡艳丽．新疆扶贫开发中的农业科技创新问题研究［D］．乌鲁木齐：新疆大学博士论文，2012.

［58］李梦露．新疆南疆人力资本投资与反贫困开发研究［D］．阿拉尔：塔里木大学硕士论文，2013.

［59］张音，雷汉云．边疆少数民族地区反贫困的金融发展对策研究——基于新疆微观调查数据［J］．内蒙古金融研究，2015（4）：93－96.

［60］孙永敏，张爱萍．新疆精准扶贫工作的探讨与分析［J］．农业开发与装备，2016（9）：131.

［61］吴娟．新疆精准扶贫相关问题的研究与探讨［J］．农村经济与科技，2016（18）：159－160，169.

［62］李甫春．广西少数民族地区的十种扶贫开发模式［J］．民族研究，2000（4）：26－36.

［63］胡锡茹．云南旅游扶贫的三种模式［J］．经济问题探索，2003（5）：109－111.

［64］王思铁，倪国良．开创生态文明与扶贫开发新局面　实现"美丽中国"［J］．中国西部，2013（1）：46－53.

［65］程阳，刘尔思．基于供应链管理的产业化扶贫开发模式研究——以农产品为例［J］．中国证券期货，2011（1X）：93－94.

［66］谢谦．郴州市安仁县产业扶贫发展研究［D］．长沙：湖南师范大学硕士论文，2013.

［67］张亚男．乌蒙山民族走廊产业性贫困与产业扶贫研究［D］．武汉：中南民族大学硕士论文，2013.

［68］郭利芳．攀西民族地区资源型产业扶贫研究［J］．技术经济与管理研究，2011（11）：125－128.

［69］董佳苹．阜平县大枣产业扶贫现状及对策研究［D］．保定：河北农业大学硕士论文，2015.

［70］张慧君．赣南苏区产业扶贫的"新结构经济学"思考［J］．经济研究参考，2013（33）：65－72.

［71］吕生全，王文庆．甘肃"张哈"片省级扶贫开发示范区产业扶贫分析［J］．中国农业资源与区划，2015，36（5）：115－122.

［72］李志萌，张宜红．革命老区产业扶贫模式、存在问题及破解路径——以赣南老区为例［J］．江西社会科学，2016（7）：61－67.

［73］巩前文，穆向丽，谷树忠．扶贫产业开发新思路：打造跨区域扶贫产业区［J］．农业现代化研究，2015（5）：736－740.

［74］周华强，刘长柱，王敬东等．基于对应分析的产业扶贫关联度分析——以四川省为例［J］．中国农学通报，2015，31（25）：284－290.

［75］龙永华．精准扶贫视域下湘西州农业产业扶贫模式创新研究［D］．吉首：吉首大学硕士论文，2015.

［76］周吉，曾光，龙强．推进赣南苏区产业精准扶贫的对策研究［J］．苏区研究，2016（2）：122－128.

[77] 冯建伟．新疆把发展产业作为扶贫开发主线［N］．农民日报，2010－02－20（001）．

[78] 王景新，郭海霞，李琳琳等．荒漠化地区绿色扶贫开发模式创新——中国－UNDP新疆和田红柳大芸产业开发案例研究［J］．现代经济探讨，2011(11)：51－55.

[79] 李莉，李珊珊．开创具有新疆特色的扶贫开发之路——以伽师县为例［J］．中国经贸导刊，2012（34）：24－25.

[80] 张元明．新疆南疆地区反贫困开发模式研究［D］．阿拉尔：塔里木大学硕士论文，2013.

[81] 刘俊博．新疆少数民族农牧村落的旅游扶贫开发研究——基于乌鲁木齐县甘沟乡东风村的调查与思考［J］．农业部管理干部学院学报，2015（4）：67－70.

[82] 纳克斯．不发达国家的资本形成问题［M］．谨斋译．北京：商务印书馆，1966.

[83] 纪丽娟，裴蓓．参与式治理视角下的产业扶贫模式创新——基于陕西LT县的扶贫调研［J］．陕西行政学院学报，2015（3）：118－121.

[84] 左新敏．新疆农村贫困问题研究［D］．乌鲁木齐：新疆农业大学硕士论文，2001.

[85] 邓维杰．精准扶贫的难点、对策与路径选择［J］．农村经济，2014(6)：78－81.

[86] 王建军，杨辉平，虎晓坪．新疆县域多维贫困研究［J］．新疆财经，2016（2)：36－46.

[87] 汪海霞．新疆贫困地区自我发展能力研究［D］．石河子：石河子大学博士论文，2014.

[88] 任婷．经济发展视角下新疆农村贫困问题研究［D］．乌鲁木齐：新疆大学硕士论文，2011.

[89] 杨引官，李西琴，栾世范．新疆国家扶贫开发重点县的调查及对策［J］．中共伊犁州委党校学报，2006（3）：39－43.

[90] 李良师．集中连片特困地区农业产业化发展研究——以新疆南疆三地州为例［J］．特区经济，2013（9）：124－125.

[91] 王俊文．当代中国农村贫困与反贫困问题研究［D］．武汉：华中师范大学博士论文，2007.

[92] 王健，潘志宝．精准扶贫——新疆维吾尔自治区扶贫实践与创新 [J]．实事求是，2015 (6)：42 -44.

[93] 沈会盼．新疆特色经济发展战略研究 [D]．北京：中央民族大学博士论文，2005.

[94] 热依拉．南疆民族地区贫困与反贫困对策研究——以和田地区为例 [D]．乌鲁木齐：新疆师范大学硕士论文，2007.

[95] 谭健星．武陵山片区产业扶贫开发现状调查研究——以清太坪镇“150”模式生猪养殖为例 [D]．兰州：西北民族大学硕士论文，2014.

[96] 舒银燕．石漠化连片特困地区农业产业扶贫模式可持续性评价指标体系的构建研究 [J]．广东农业科学，2014，41 (16)：206 -210.

[97] 颜有晶．地方治理视野下的产业化扶贫研究 [D]．上海：东华大学硕士论文，2013.

[98] 陈希勇．山区产业精准扶贫的困境与对策——来自四川省平武县的调查 [J]．农村经济，2016 (5)：87 -90.

[99] 王振颐．生态资源富足区生态扶贫与农业产业化扶贫耦合研究[J]．西北农林科技大学学报（社会科学版），2012，12 (6)：70 -74.

[100] 孙兆霞．脱嵌的产业扶贫——以贵州为案例 [J]．中共福建省委党校学报，2015 (3)：14 -21.

[101] 孙志国，刘之杨，钟儒刚等．武陵山片区国家扶贫龙头企业与产业扶贫 [J]．陕西农业科学，2012，58 (6)：198 -202.

[102] 宋瑛．农户参与农业产业化经营组织：影响因素及绩效评价 [D]．重庆：西南大学博士论文，2014.

[103] 程玉英，周晓辉．河北省产业扶贫模式创新研究 [J]．合作经济与科技，2017 (12)：188 -189.

[104] 贾文龙．“到村到户”精准扶贫模式实践及其启示研究——以贵州省毕节市为例 [J]．山西农业科学，2015 (12)：1701 -1705.

[105] 朱琳敏，王德平，邓楠楠．精准扶贫背景下产业扶贫发展模式——“1 +5”产业扶贫案例分析 [J]．安徽农业科学，2017 (25)：226 -228.

[106] 郭文力．助推朝阳市“精准扶贫”之产业扶贫模式探析 [J]．农业经济，2017 (8)：22 -24.

[107] 罗俊松．农业现代化视角下发达国家农业扶贫政策启示 [J]．世界农业，2013 (9)：63 -66.

［108］许汉泽，李小云．精准扶贫背景下农村产业扶贫的实践困境——对华北李村产业扶贫项目的考察［J］．西北农林科技大学学报（社会科学版），2017（1）：9－16.

［109］王荣军，张秀春．养殖产业扶贫模式初探［J］．发展思路，2017（1）：63－64.

［110］杜晓山．孟加拉国的乡村银行及对我国的启示［J］．中国农村经济，1994（2）：60－64.

［111］赵洪宝．孟加拉国乡村银行小额信贷运作机制与经验研究［J］．世界银行，2014（5）：168－170.

［112］王守军．临洮县肉牛产业扶贫发展模式探讨［J］．中国牛业科学，2017（4）：62－63.

［113］张公黎煌．越南承天顺化省富汪县开发式扶贫的现状及其对策分析［D］．桂林：广西师范大学硕士论文，2013.

［114］蒋玉山．越南贫困与反贫困研究［D］．南宁：广西民族大学硕士论文，2008.

［115］温浩．印度贫困治理问题研究［D］．西安：陕西师范大学硕士论文，2016.

［116］见曼曼．印度反贫困研究——中国企业国际化的机遇［D］．贵阳：贵州财经大学硕士论文，2017.

［117］李荣梅．精准扶贫背景下产业扶贫的实践模式及经验探索［J］．青岛农业大学学报（社会科学版），2016（4）：1－4.

［118］刘建生，陈鑫，曹佳慧．产业精准扶贫作用机制研究［J］．中国人口·资源与环境，2017（6）：127－135.

［119］汪三贵．创新机制提高产业扶贫效率［N］．农民日报，2016－11－03（007）.

［120］陈希勇．山区产业精准扶贫的困境与对策——来自四川省武平县的调查［J］．农村经济，2016（5）：87－90.

［121］Atkinson A. B. On the Measurement of Poverty［J］. Econometrica, 1987, 55（4）：749－764.

［122］Kuznets S. Economic Growth and Income Inequality［J］. The American Economic Rereiw, 1995, 45（1）：1－28.

［123］Townsend P. The International Analysis of Poverty［M］. New York:

Harvester Wheatsheaf, 1993.

[124] Guomei N. Z. , Yong N. R. The Development Pattern and Policy Framework of Circular Economy in China [C] . International Symposium on Environmentally Conscious Design and Inverse Manufacturing, 2005.

[125] Kakwani N. Pro – Poor Growth, Strategies in Africa [J] . Poverty Equivalent Growth Rate: With Applications to Korea and Thailand, 2003 (2) .

[126] Ogun T. P. Infrastructure and Poverty Reduction: Implications for Urban Development in Nigeria [J] . Urban Forum, 2010, 21 (3): 249 – 266.

[127] Amis P. , Kumar S. Urban Economic Growth, Infrastructure and Poverty in India: Lessons from Visakhapatnam [J] . Environment & Urbanization, 2000, 12 (1): 185 – 196.

[128] Besley T. , Burgess R. Halving Global Poverty [J] . Journal of Economic Perspectives, 2003, 17 (3): 3 – 22.

[129] Bonal X. On global absences: Reflections on the Failings in the Education and Poverty Relationship in Latin America [J] . International Journal of Educational Development, 2007, 27 (1): 86 – 100.

[130] Bourguignon F. The Growth Elasticity of Poverty Reduction: Explaining Heterogeneity Across Countries and Time Periods [R] . Delta Working Papers, 2002.

[131] Cain J. , Hasan R. , Mitra D. Trade Liberalization and Poverty Reduction: New Evidence from Indian States [R] . Working Papers, 2010 (3) .

[132] Deaton A. Counting the World' s Poor: Problems and Possible Solutions [J] . World Bank Research Observer, 2001, 16 (2): 125 – 148 (24) .

[133] Fan S. , Chan – Kang C. Road Development, Economic Growth, and Poverty Reduction in China [J] . Research Report of the International Food Policy Research Institute, 2005 (138) .

[134] Fan S. , Hazell P. , Thorat S. Government Spending, Growth and Poverty in Rural India [J] . American Journal of Agricultural Economics, 2000, 82 (4): 1038 – 1051.

[135] Fan S. , Yu B. , Jitsuchon S. Does Allocation of Public Spending Matter in Poverty Reduction? Evidence from Thailand [J] . Asian Economic Journal, 2008, 22 (4): 411 – 430.

[136] Hagenaars A. A Class of Poverty Indices [J] . International Economic

Review, 1987, 28 (3): 583 -607.

[137] Hagenaars A., Vos K. D. The Definition and Measurement of Poverty [J]. Journal of Human Resources, 1988, 23 (2): 211 -221.

[138] Jerome A., Ariyo A., Jerome A., et al. Infrastructure Reform and Poverty Reduction in Africa [Z]. 2004.

[139] Kimenyi M. S. Agriculture Economic Growth and Poverty Reduction [Z]. 2002, 25 (1): 1 -20.

[140] Kurosaki T., Khan H., タカシ クロサキet al. Effects of Human Capital on Farm and Non - Farm Productivity and Occupational Stratification in Rural Pakistan [J]. Mammalian Genome, 2004, 10 (2): 134 -139.

[141] Mughal W. H. Human Capital Investment and Poverty Reduction Strategy in Pakistan [J]. Labour & Management in Development Journal, 2009 (7).

[142] Naughton B. J. The Chinese Economy: Transitions and Growth [J]. Mit Press Books, 2006, 1 (4): 511 -513.

[143] Nelson R. R., Phelps E. S. Investment in Humans, Technological Diffusion, and Economic Growth [R]. Cowles Foundation Discussion Papers, 1966, 56 (1 -2): 133 -139.

[144] Ravallion M., Datt G. Why Has Economic Growth Been More Pro - poor in Some States of India Than Others? [J]. Journal of Development Economics, 2002, 68 (2): 381 -400.

[145] Sala - I - Martin X., Pinkovskiy M. African Poverty is Falling Much Faster Than You Think! [R]. Nber Working Papers, 2010.

[146] Pearce D. W., Barbier E. B., Markandya A. Sustainable Development: Economics and Environment in the Third World. [J]. Journal of Rural Studies, 1992, 8 (2): 216 -217.

[147] Ragnar Nurkse. Problems of Capital Formation in Underdeveloped Countries [M]. Oxford: Oxford University Press, 1953.

[148] Nelson R. R. A Theory of the Low - Level Equilibrium Trap in Underdeveloped Economies [J]. China Labor Economics, 2006, 46 (5): 894 -908.

[149] Myrdal G. Economic Theory and Under - developed Regions. [M]. New York: Harper & Brothers Publishers, 1957.

[150] Lewis O. Five Families: Mexican Case Studies in the Culture of Poverty

[J] . American Journal of Sociology, 1959, 34 (3): 99 -100.

[151] Moynihan D. P. Politics as the Art of the Impossible [J] . American Scholar, 1969, 38 (4): 573 -583.

[152] Schultz T. W. Investment in Human Capital in Poor Countries [J] . Foreign Trade & Human Capital, 1962.

[153] Rosenstein - Rodan P. N. Problems of Industrialisation of Eastern and South - Eastern Europe [J] . Economic Journal, 2010 (53): 202 -211.

[154] Hirschman A. O. A Bias for Hope: Essays on Development and Latin America [M] . Colorado: Westview Press, 1985.

[155] Amartya Sen. Poverty and Famines [M] . Oxoard: Oxford University Press, 1982.

[156] Perroux F. , Dalal K. The Practice of Economic Planning and The Optimum Allocation of Resources: A Discussion [J] . Econometrica, 1949, 96 (12): 853 -861.

[157] Rostow W. W. The Five Stages of Growth - A Summary [M] . Cambridge University Press, 1960.

[158] Porter M. E. The Competitive Advantage of Nations [J] . Competitive Intelligence Review, 1990, 1 (1): 427.

[159] Adams D. W. , Fitchett D. A. Informal Finance in Low - income Countries [M] . Colorado Westview Press, 1992.